SINO-WISDOM

信睿企管·博雅经营智慧

不懂带领团队，
怎么做管理

水藏玺◎著

中国纺织出版社有限公司

国家一级出版社
全国百佳图书出版单位

内 容 提 要

很多管理者在实际工作中经常会面临"一个和尚挑水喝，两个和尚抬水喝，三个和尚没水喝""人越多，效率越低"等困惑。特别是很多企业领导者经常会感概：企业小的时候，每个人都敬业，效率也很高；但当企业越做越大，团队规模越来越大后，效率却越来越低。

作者结合自己近20年的企业管理咨询经历，分别从团队及团队类型、客观认知团队、打造高绩效团队、明确团队分工、团队成员选拔、团队文化塑造、团队目标管理、团队计划管理、团队沟通管理、团队冲突管理、团队情商管理、团队授权管理、团队激励管理等角度，系统阐述了什么是团队、如何搭建团队以及如何实施团队管理，对充分发挥团队价值、打造高绩效团队、提升企业运营能力具有很强的指导作用。

图书在版编目（CIP）数据

不懂带领团队，怎么做管理 / 水藏玺著 . －－北京：中国纺织出版社有限公司，2021.1（2021.11重印）
ISBN 978-7-5180-8028-1

Ⅰ．①不… Ⅱ．①水… Ⅲ．①企业管理－组织管理学
Ⅳ．① F272.9

中国版本图书馆 CIP 数据核字（2020）第 201236 号

策划编辑：向连英　　　责任校对：高涵　　　责任印制：储志伟

中国纺织出版社有限公司出版发行
地址：北京市朝阳区百子湾东里A407号楼　邮政编码：100124
销售电话：010－67004422　传真：010－87155801
http://www.c-textilep.com
中国纺织出版社天猫旗舰店
官方微博 http://weibo.com/2119887771
天津千鹤文化传播有限公司印刷　各地新华书店经销
2021年1月第1版　　2021年11月第3次印刷
开本：710×1000　1/16　印张：13
字数：183千字　定价：49.80元

凡购本书，如有缺页、倒页、脱页，由本社图书营销中心调换

本书是继《不懂解决问题，怎么做管理》《不懂流程再造，怎么做管理》《不懂激励员工，怎么做管理》之后，系列丛书的第四本。

最近几年，很多管理者经常把"团队"二字挂在嘴边，不管是创业团队、销售团队、研发团队还是人力资源团队，大家都习惯于用"团队"统称一个部门或者一群人。其实，大家通常所说的团队与真正意义上的团队还是存在或大或小的区别，我们经常把一个工作群体当成了一个团队，把一群人当成了一个团队。

那么团队与工作群体之间有什么区别呢？

英国霍特国际商学院教授迈克·布伦特和阿什里奇商学院教授菲奥娜·爱尔莎·丹特认为，团队就是 T（together），一起、E（everyone），每个人、A（achieves），达到、M（more），更多。

美国管理学家斯蒂芬·P. 罗宾斯认为，团队就是由两个或者两个以上的，相互作用、相互依赖的个体，为了特定目标而按照一定规则结合在一起的集合体。

我们认为，团队是指具有共同愿景、技能互补、愿意为共同目标相互协同并承担责任的人员群体。

至于工作群体，美国学者乔恩·卡曾巴赫和史密斯认为，工作群体的绩效主要基于成员的个人贡献，而团队的绩效则基于每个不同角色的人及其能力组合而产生的乘数效应。

请注意，这就是团队与工作群体最本质的区别：团队追求整体效率最高，整体利益最大化；而工作群体追求个体效率最高，个体利益最大化。

正因如此，很多管理者简单地将工作群体称为团队的说法有失准确；更关键的是，很多管理者在实际工作中经常会面临"一个和尚有水喝，两个和尚抬水喝，三个和尚没水喝""人越多，效率越低"等困惑。很多企业老板经常会讲，企业小的时候，每个人都敬业，效率也很高，现在企业越做越大，人越来越多，但效率却越来越低。

笔者在实际辅导企业进行团队建设的时候，就发现了这样的问题，而且这样的问题还非常普遍，大多数企业都会遇到。因此，笔者认为有必要让所有管理者对"什么是团队"有一个全面的了解，并在此基础上学会如何搭建团队，如何实施团队管理。这对提升企业运营能力、发挥团队价值是非常重要的。

本书共分为三部分十五章，分别是团队认知篇、团队组建篇、团队管理篇，其中，团队认知篇又分为团队及团队类型、客观认知团队、打造高绩效团队；团队组建篇又分为明确团队分工、团队成员选拔、团队成员训练、团队意识培养、团队文化塑造；团队管理篇又分为团队目标管理、团队计划管理、团队沟通管理、团队冲突管理、团队情商管理、团队授权管理、团队激励管理。

书中的案例绝大多数来自信睿咨询过去20年辅导的近1200家一线企业，也是信睿咨询顾问团队智慧的结晶，在本书出版之际谨对信睿咨询的客户及顾问致以谢意。

另外，中国纺织出版社有限公司的向连英女士是我多年来一直合作的责任编辑，她睿智、认真、对工作一丝不苟，对本套书的策划和编辑付出了大量的心血，在此也一并表示感谢。

最后还要感谢我的家人，由于工作原因，长期、频繁出差在所难免，很少有时间好好陪在家人身边，在此也谢谢家人的鼎力支持、无私奉献和默默付出。

当然，由于个人能力、学识与资历所限，疏漏之处在所难免，恳请广大企业家、同行、读者朋友不吝批评与指正，我愿与大家共同成长，推动中国企业打造高绩效团队，实现稳健、可持续发展，创造让世人瞩目的经营业绩。

如有任何疑惑或不同的观点，请直接来信与我联系，期待与大家交流。我的电话：13713696644，电子邮箱：sacaxa@163.com，微信：shuicangxi。

水藏玺

2020 年 3 月 31 日于深圳前海

目　录
contents

第二部分　团队组建篇

第三部分　团队管理篇

第一部分

PART ONE

团队认知篇

单个的人是软弱无力的，就像漂流的鲁宾逊一样。只有同别人在一起，他才能完成许多事情。

——叔本华

团队不是拥有职位的一群人，而是聚合在一起的个体；团队中的每个人都扮演相应的角色，并且彼此理解、相互尊重。

——梅雷迪思·贝尔宾

团队不是一群人，而是互相信任的一群人。

——西蒙·斯涅克

离开个体不可能成就团队，离开团队也不可能成就企业。话又说回来，离开了企业，团队的价值无法有效发挥；同样，离开了团队，再优秀的个体也很难将自己价值发挥到超出自己的想象。因此，个体、团队、企业各自在得到对方支持的时候，也需要成就对方。

——本书作者

第一章

团队及团队类型

曾经去过东非大草原或者看过中央电视台《动物世界》节目的朋友们一定对这样的场景记忆犹新：

在广袤的东非大草原上，动物们相安无事、自由自在地繁衍生息。

但到了每年动物逐草迁徙的季节，数以百万计的斑马、瞪羚和角马就会从坦桑尼亚的塞伦盖蒂大草原前往肯尼亚马赛马拉野生动物保护区，跋涉三千多公里，横渡马拉河，场面蔚为壮观。这种场面也吸引了全球游客前往东非一睹为快。

在大批动物迁徙的过程中，屠戮在所难免。沿途茂密的草丛中狮群早已经垂涎三尺，高耸的金合欢树上猎豹正是望眼欲穿，马拉河中饥肠辘辘的尼罗鳄也已枕戈待旦，就连身材娇小的鬣狗也是蠢蠢欲动。斑马、瞪羚和角马在迁徙过程中往往要付出惨重的代价，它们有的惨死在狮群的尖牙和利爪之下，有的被尼罗鳄强有力的双颚咬断脖子，还有的被擅长奔跑的猎豹擒获。狮子、猎豹和尼罗鳄本身就是超级猎手，我们需要注意的是身体娇小的鬣狗。以单只鬣狗的速度和体格是不可能轻而易举地猎杀一头斑马或角马的，哪怕是一只瞪羚它们也很难捕获，但十几只甚至几十只鬣狗组成的鬣狗群却可以围猎比它们体格大数十倍的角马，甚至可以轻而易举地从狮子、猎豹口中夺走猎物。

这是什么原因呢？我们将其归结为——团队的力量。

一、团队力量是无穷的

很多管理者已经习惯了用团队来表达一个部门、一个创业群体，抑或一个项目组、一个委员会。大家熟悉的皇家马德里足球队是一个团队，曼联足球队是一个团队，乔布斯带领的苹果手机研发人员是一个团队，与马云当年创业的"十八罗汉"是一个团队，华为任正非带领的轮值 CEO 也是一个团队。另外，狼性团队、团队精神、团队打造、团队文化、团队理念、研发团队、营销团队、服务团队、生产团队、团队负责人、团队成员等词语对于每一位管理者而言都是耳熟能详的。

大家熟悉的华为倡导狼性文化，华为的狼性团队极具战斗力，在华为全球市场布局过程中发挥了极其重要的作用。在华为看来，狼群具有以下几个鲜明的特质：

（1）作为群体性动物，狼从来不会单独作战，因为它们明白，在面对强敌的时候，自己的力量远远无法超越敌人，所以面对一次次竞争时，狼群都会团结一致，共同战斗，共度难关。

（2）不论是头狼还是狼群中的任何一员，都具有主动承担责任的精神。心中想着群体的利益，为群体付出，即便牺牲自己的生命也心甘情愿，只有这样，狼群才能稳定地成长和繁衍，否则随时都会被环境淘汰。

（3）狼群是追求团队协作并最终取得胜利的群体。看过电影《狼图腾》的人应该对两个场面印象深刻：其一，为了报复人类将它们准备过冬的黄羊偷走，狼群集体作战将马群赶进冰湖活活冻死；其二，狼群通过叠罗汉的方式，轻松翻过高高的羊圈围墙，跑进羊圈袭击羊群。这就是狼群注重团队协作的最佳佐证。

（4）每头狼都会用自己的实际行动证明对团队的忠诚。每头狼都不会轻易背叛、离开狼群，狼群也不会轻易赶走任何一位团队成员。

华为正是深谙狼群的特质才提出了打造狼性文化，培养狼性团队的经营思想，并数十年如一日坚持这种做法，最终打造了一支英勇善战的团队，创造了华为今天的成就。

二、什么是团队

那么到底什么是团队呢？

英国霍特国际商学院教授迈克·布伦特和阿什里奇商学院教授菲奥娜·爱尔莎·丹特认为：团队就是 T（together），一起、E（everyone），每个人、A（achieves），达到、M（more），更多。简单理解，就是一群人在一起，会做出比单个人更多的工作业绩。

英国兰卡斯特大学组织心理学教授迈克尔·A.韦斯特教授认为：团队是嵌入在组织中的一群人，他们执行对实现组织目标有贡献的任务。他们共享整体的工作目标，并拥有必要的权威、自主权和资源来实现这些目标。另外，他还指出，团队的工作能够显著影响组织内部或外部的其他人，团队成员在很大程度上依赖于彼此在工作中的表现；在自己和他人的眼中，他们是一个群体。他们密切合作、相互依存、相互支持，以实现团队目标。他们有明确的分工……

英国管理专家伍兹、韦斯特认为：团队是指人数较少的，共同为一个明确的、具有挑战性的任务而工作的一个群体，这个任务由群体一起完成比由个体独立完成或者平行工作完成更加高效；同时，这群人拥有明确的、共享的、具有挑战性的、直接源自任务本身的目标；为了实现这些目标，这群人不得不紧密联系，相互依赖；这群人在其中扮演各自独特的角色；这群人拥有必要的权威、自主权和资源以实现团队的目标。

美国管理学家斯蒂芬·P.罗宾斯认为：团队就是由两个或者两个以上的，相互作用、相互依赖的个体，为了特定目标而按照一定规则结合在一起的集合体。

英国亨利商学院领导力教授彼得·霍金斯认为：当团队服务于超越自身的需要，并有利益相关者需要他们交付超越团队成员单独可以提供的东西时，团队才算成功，才具有存在的意义。

根据工作经验和对团队的理解，我们对团队定义如下：

我们认为，团队是指具有共同愿景、技能互补、愿意为共同目标相互协同并承担责任的人员群体。

从上述不同人对团队的定义可以看出：

（1）团队是一个人员群体，而非一个人。团队少则两三人，多则十几人、几十人甚至更多。一个部门可以称为一个团队，一次大型活动的筹备小组可以称为一个团队，一个品质改善小组可以称为一个团队，一个新产品开发项目组可以称为一个团队，同样，企业的战略委员会、产品委员会、经营委员会、薪酬与绩效委员会也可以称为一个团队。总之，团队在组织中无处不在。

（2）团队整体的工作业绩一定大于团队个体独立开展工作业绩之和。正如彼得·霍金斯所说："交付超越团队成员单独可以提供的东西"，也如迈克·布伦特教授和菲奥娜·爱尔莎·丹特教授所说的："M（more），更多。"

（3）团队可能是长期存在的，也可能是短期存在的；可能是虚拟的，也可能是实际运作的；可能是正式的，也可能是非正式的；可能是以解决问题为导向的，也有可能是以目标为导向的。总之，团队存在多种不同类型。

（4）团队是有共同愿景的。这个愿景足以支撑和引导团队成员为达成团队目标自觉、自愿贡献各自的智慧和力量，并保持热情。

（5）团队是有明确目标的。对于企业团队而言，目标就是实现企业销售收入、利润以及可持续发展；对于一个部门团队而言，目标就是履行企业赋予的职能；对于一个新产品开发团队而言，目标就是准时、保质、保量完成新产品开发任务；对于一个服务团队而言，目标就是提升客户满意度，及时处理客户投诉及其提出的其他问题。

（6）团队成员之间一定是技能互补的。这就要求在搭建团队时有明确的分工，有人负责组织，有人负责计划，有人负责执行，有人负责协助配合，有人负责对结果进行审核，还有人对工作进行分析改进，只有这样才能确保团队工作有序，成果有效。

（7）团队任务离不开合作。有力的合作不仅会使团队成员之间的热情倍增，在团队与客户之间、团队与供应商之间、团队与职能部门之间亦是如此。而且现在柔性化团队、虚拟团队、跨职能团队越来越多，这对团队内部及团队与外部利益相关者之间的合作提出了更高的要求。

（8）团队成员必须有各自明确的责任，各负其责，共同完成团队目标。

三、团队基本特征

为了让大家对团队基本特征理解得更加充分，我们先拿雁群南飞迁徙的故事进行剖析：

在雁群南飞迁徙的过程中最常见的阵形是"人"字形，研究发现，这种阵形可以让雁群的日均飞行距离比个体单独飞行平均距离增加71%。也就是说，群体飞行距离是个体单独飞行平均距离的1.71倍。

雁群是怎么做到的呢？

首先，飞在"人"字阵形最前端的领头雁往往是体力最好的，这只大雁在领航的同时，每一次翅膀的扇动都为身后的大雁带去向上的风，后面的大雁便可以节省体力。当领头雁感觉疲倦的时候，它就会退到阵形的最后面，由"人"字形两边的大雁交替领头，这样便可以始终让体力最好的大雁领航并确保群体保持较快的飞行速度。

其次，如果遇到身体不好的大雁，雁群就会把它围在阵形中间，让它借助两侧向上的风飞行，这样既能避免身体不好的大雁由于体力不支而掉队，也不会影响雁群整体飞行速度。

最后，当有大雁掉队的时候，其他大雁就会集体发出"呱、呱、呱"的声音鼓励它，同时雁群也会放慢整体行进速度，直至掉队的大雁重新回到阵形当中。

雁群的故事告诉我们，一个优秀的团队必须要有严密的分工，团队成员之间要相互信任、相互鼓励，互相搭台而不是拆台，做到技能互补，同时对目标要有一致的承诺，最关键的是共同分享工作成果，让每位成员都能分享胜利的果实。

我们再来看看由苏炳添领衔的中国男子4×100接力队的例子。从2010年广州亚运会开始，他们屡屡在亚洲赛场、奥运会赛场创造佳绩。

2014年仁川亚运会，由苏炳添、陈世伟、谢震业、张培萌组成的4×100接力队以37秒99的成绩获得冠军，卫冕成功，这也是历史上屈指可数的4个成绩在10秒以外的选手在接力中跑进38秒大关，他们的交接棒技术堪称世界一流。

2015年北京田径世锦赛，由苏炳添、莫有雪、谢震业、张培萌组成的中国男子4×100接力队在预赛中以37秒92的成绩刷新了由他们自己保持的37秒99的亚洲纪录，决赛时又以38秒01的成绩夺得世锦赛银牌。

苏炳添个人100米最好成绩为9.99秒，是在2015年创造的，就算4×100接力队每个人都能达到9.99秒的水平，4×100的成绩也就是39.96秒，但苏炳添领衔的中国男子4×100接力队成绩居然可以达到37.99秒，这其中除了每个人全力以赴跑好自己的那100米之外，无懈可击的交接棒更是起到了举足轻重的作用。这就是团队的价值，团队可以创造出超越每个人极限的业绩。

不论是南迁大雁，还是中国男子4×100接力队，他们用数据和结果告诉我们，团队是不同于一般工作群体的，团队具有有别于一般工作群体的特征，如图1-1所示。

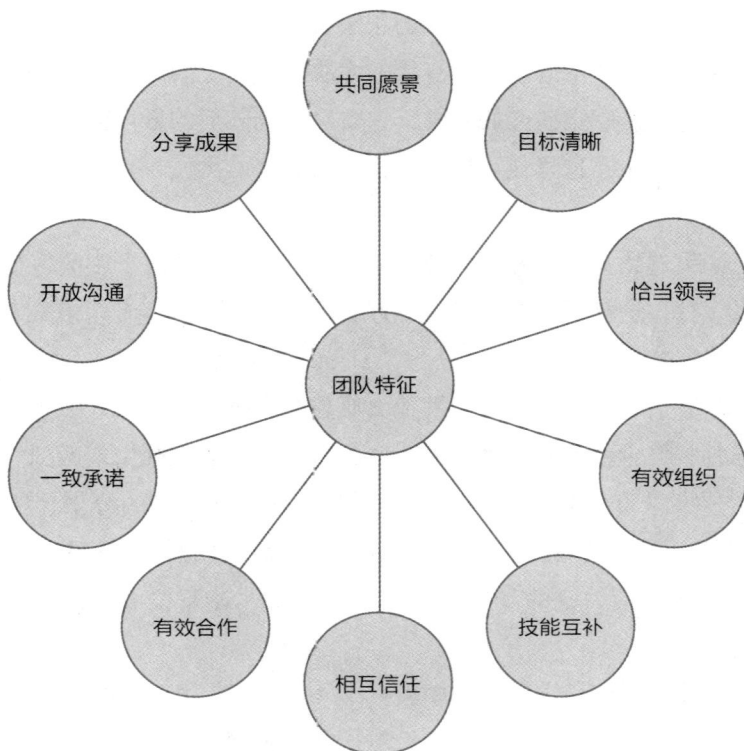

图1-1　团队特征

1. 共同愿景

任何一个团队，都必须清晰地定义自己的愿景，而且要确保愿景是所有团队成员共同认可的，团队中的每个人都渴望通过自己的努力为团队愿景的圆满实现贡献智慧和力量。

皇家马德里足球队在其队歌《加油，马德里》中提到："你曾写就历史，你也将开创历史，因为无人可以抗拒、你对胜利的渴望。"我相信，对于每一位皇家马德里的球员、教练员，甚至每一位球迷而言，当他们踏入伯纳乌球场，队歌响起的时候，每个人都充满了对胜利的渴望，所以每名球员都会竭尽全力地拼搏，每位教练员都会绞尽脑汁地指挥，每位球迷都会声嘶力竭地加油、助威，正是在这样的愿景指引下，皇家马德里足球队获得了"二十世纪最佳俱乐部"殊荣。

CBA（中国职业篮球联赛）中的广东宏远华南虎俱乐部也是一个非常好的佐证。成立于1993年12月的广东宏远华南虎俱乐部可以说是CBA历史上最成功的俱乐部之一，先后夺得了 9 次 CBA 总冠军，超越八一男篮，成为 CBA 历史上夺冠次数最多的球队。虽然时代在变、球队在变、球队管理层在变，但广东宏远华南虎俱乐部想成为中国乃至世界最成功俱乐部的伟大愿景没有改变。

2. 目标清晰

清晰的目标是团队构建和运作的前提，目标可以帮助团队成员分清各项事务的轻重缓急，确定并把握核心的工作任务和关键成功要素，还可以帮助团队成员明确行为准则，为其指引方向和提供工作动力。

3. 恰当领导

选择并用好团队负责人是团队成败的关键。一般来讲，作为一名团队负责人必须具备以下特质：善于沟通、视野广阔、有合作精神、专心、有想象力、有先见之明、自信、正直、公平、公正、有勇气、敢担当、坚守承诺等。大家熟悉的任正非、马化腾、马云、雷军等，都是恰当领导的典范，他们在各自的团队中发挥着不可替代的作用。

4. 有效组织

不同团队的任务及目标不同，工作模式也存在很大差异，这就注定了不同团队内部的组织结构是千差万别的。团队在选择组织结构时，要有利于不同技能成员的角色定位，有利于团队和个人学习，有利于明确个人和团队责任与分工，有利于培养团队成员的使命感和责任感，有利于团队目标的顺利实现。团队规模一般比较小，所以团队组织更要注重扁平化、柔性化、高效率。

5. 技能互补

成员技能互补是团队存在的基础。因为团队成员之间必须要有清晰的分工，就如同一支足球队，必须有人担当前锋，有人担当中锋，有人担当后卫，有人担当守门员，缺一不可。同理，在一个企业组织当中，有些人负责运筹帷幄（战略与决策），有些人负责制造枪炮（产品研发），有些人负责遇水架桥（制造），有些人负责决胜千里（市场与营销），还有些人负责后勤支持（客户服务）等。

6. 相互信任

西蒙·斯涅克在《从"为什么"开始：伟大的领导者如何激励每个人都行动》一书中提到："团队不是一群一起工作的人，而是相互信任的一群人。"

高绩效团队成员之间一定是相互"搭台"而非相互"拆台"的。高绩效团队要求团队成员必须用语言和行动来支持其他成员，在表现自己才能的同时，也要践行和坚守团队的核心价值主张，成就团队整体价值。

著名管理学家大卫·迈斯特尔用一个公式阐述了他对信任的定义：信任度＝（可信度＋可靠度＋亲密度）/ 自我定位。可以看出，团队之间的信任，既要求每个人在团队中拥有很高的可信度，又要求每个人在其他团队成员心目中是一个可靠的人，同时团队成员之间还要有密切的工作关系，另外还需要团队成员对自己定位清晰。

7. 有效合作

有效合作是团队有别于一般工作群体的最明显之处。美国管理专家詹姆斯·塔姆和罗纳德·鲁耶特指出："自愿付出的情感能量和热情指的是人们心甘情愿地为其所坚信的事业、项目、关系以及组织付出的激情、热情及奉献精神。它无法通过命令得到，如果企图这样做，那么将不可避免地引来断然的反抗或被动攻击型的破坏行为。"有效合作的前提是团队中的每一位成员都能够自愿付出情感能量和热情，这种能量和热情不可能通过正式的组织命令和强制手段得到，它们建立在团队成员对团队愿景、目标高度认同的基础之上，建立在团队成员之间相互信任的基础之上。

8. 一致承诺

团队的高效运作一定要取得全体成员的一致承诺，团队承诺必须坚持明确、力所能及、共识和潜力挖掘的原则。这种承诺不是仅仅停留在口头和书面上，而是团队全体成员切切实实落实到行动当中。召开团队誓师大会、签订团队目标责任书、诵读团队价值理念、抄写团队行为准则等都是非常理想的一致承诺形式。

9. 开放沟通

团队负责人必须为团队成员创造一个便于沟通的环境，鼓励成员之间坦诚沟通。因为团队在运作过程中势必会涉及目标确认、资源分配、计划修正、工作协调、冲突解决、争端处理等一系列问题，而这些问题都需要不断沟通才能有效解决。

10. 分享成果

应清晰定义团队工作成果，并根据个体的贡献进行客观、公正的评估和激励，建立以团队整体为基础的绩效评价体系。另外，还需要在团队内部形成同创共享的成果分享理念及机制，让团队成员充分享受团队成功的喜悦及工作成果。

四、常见团队类型

根据团队存续的时间、团队的自主权和影响力、团队任务的等级（从常规战术执行级到战略决策级）等维度，美国管理大师斯蒂芬·P.罗宾斯把常见的团队分为问题解决型团队（Problem-solving Team）、自我管理型团队（Self-managed Team）和跨功能型团队（Cross-functional Team），表1-1是其对这三种不同类型团队的对比。

表1-1　斯蒂芬·P.罗宾斯不同类型团队对比

团队类型	团队特点
问题解决型团队	组织成员就如何改进工作程序、方法等问题交换看法，对如何提高生产效率和产品质量等问题提出建议
自我管理型团队	成员不仅讨论解决问题的方法，而且亲自执行解决问题的方案
跨功能型团队	成员来自多个职能部门，协调完成组织内的复杂项目

英国霍特国际商学院教授迈克·布伦特和阿什里奇商学院教授菲奥娜·爱尔莎·丹特把团队类型分为功能型团队、跨学科型团队、问题解决型团队、虚拟型团队、自我管理型团队和委员会型团队，如图1-2所示。

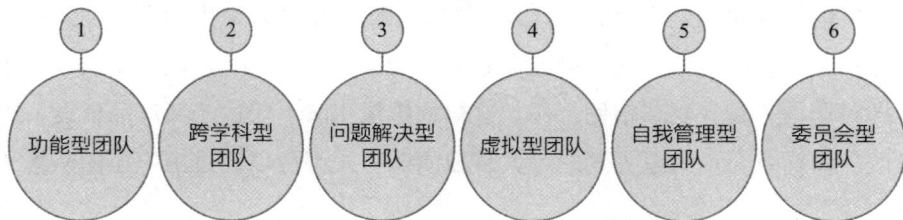

图1-2　迈克·布伦特、菲奥娜·爱尔莎·丹特的团队分类

1. 功能型团队

该类型团队往往是基于一个部门建立起来的，因此也可以称为部门团队，比如人力资源团队、财务团队、硬件研发团队、软件开发团队等。功能型团队倾向于努力完成正在进行的特定工作或实现既定目标，以服务于组织关键战略驱动因

素。功能型团队一般都是永久或长期存在的，在实际工作中功能型团队容易与一般工作群体混淆。

2. 跨学科型团队

该类型团队成员往往来自不同专业领域，他们的技能和经验具有互补性，因此都能在各自的专业领域为团队作出贡献，以确保团队目标实现。常见的跨学科型团队，如新产品研发团队，一款新手机的研发团队，团队成员可能来自市场部、产品规划部、硬件部、软件部、结构部、采购部、工程部、研发品质部、生产部、测试部等多个部门；又如企业高管团队，通常由财务总监、人力资源总监、研发总监、营销总监、供应链总监等多个跨专业领域的高级管理人员组成；再如新产品推广团队，团队成员会由产品部、研发部、市场部、品牌部、销售部等相关部门人员组成。

3. 问题解决型团队

该类型的团队通常是短期的，而且问题导向性非常明确。团队成员需要具备某些特定的技能，而且大多来自不同业务领域，当然也会存在单一职能领域的问题解决型团队。比如为了解决客户退货或客户投诉，公司临时组织品质部、销售部、技术部、财务部、工程部、采购部、生产部等多个部门的员工组成解决该问题的团队。

4. 虚拟型团队

随着互联网经济的兴起以及信息技术的迅速普及，特别是以"3I"，即Information（信息）、Idea（思想）、Intelligence（智力）为代表的网络经济使"虚拟团队"的规模化发展成为必然。现在虚拟团队越来越多地出现在我们的日常工作和生活当中。虚拟团队成员分散在全世界的不同角落，通过网络会议、电子邮件、即时通信工具等实现密切合作。这样的虚拟团队不仅适于新产品研发、特殊问题解决，而且目前大家见到的绝大多数团队形式都可以通过虚拟型团队模式来实现。

5. 自我管理型团队

自我管理型团队模式最早起源于 20 世纪 50 年代的英国和瑞典，最大特点就是团队成员自我领导、自我管理、自我负责、自我学习。自我管理型团队一般由5～30 名员工组成，这些员工拥有不同的技能，轮换工作，生产整个产品或提供整个服务，接管管理任务，比如工作和假期安排、订购原材料、选拔新成员等。

自我管理型团队具有以下几个特点：

每个团队成员对自己的工作成果负责，监控自己的业绩和持续寻求反馈，管理他们自己的业绩并对其进行纠正。为取得优异成绩，团队成员会积极寻求组织资源和各种帮助及指导，因为它们是达成目标的必要要素。团队成员会积极地帮助他人改善业绩，在别人有需要的时候，其他成员会第一时间自动、自发地提供帮助。

6. 委员会型团队

该种类型的团队往往负责一项特定工作，通常委员会成员都是非正式的，委员会有工作需要时，他们才进入工作状态。大到国际奥林匹克委员会、政府间气候变化委员会，小到企业薪酬绩效委员会、审计委员会、战略委员会、产品委员会、提名委员会、经营委员会、采购委员会、营销委员会、成本委员会等，都属于此类型团队。

当然除了斯蒂芬·P. 罗宾斯、迈克·布伦特和菲奥娜·爱尔莎·丹特的团队分类之外，随着近些年互联网的兴起，还出现了知识型团队、去中心化团队、共享团队、无形团队等不同形式的团队，感兴趣的读者可以查阅相关文献资料。

第二章

客观认知团队

团队一词已经成为每家企业必谈的话题，事实上在我们身边已有很多企业通过成功地运用团队运作模式，有效地提高了企业的运行效率，将企业从小做到大，甚至成为了全球巨无霸。

大家熟悉的阿里巴巴"十八罗汉"团队、小米以雷军为首的"七剑客"创业团队、腾讯"五虎将"团队（马化腾、张志东、陈一丹、曾李青、许晨晔）、谷歌"双子星"团队（拉里·佩奇、谢尔盖·布林）、脸书"四君子"（马克·扎克伯格、克里斯·休斯、达斯汀·莫斯科维茨、埃杜阿多·萨维林）、乔布斯领衔的苹果手机研发团队、王石领衔的万科团队、史玉柱领衔的巨人网络团队都是世界级的团队，他们创造了各自的商业帝国。

近段时间频频出现在各大网络头条的钟南山院士团队，在帮助中国抗击新冠肺炎的战役中立下了汗马功劳。

杂交水稻之父袁隆平院士的团队数十年如一日，确保了中国乃至世界水稻增产增收，解决了数十亿人的吃饭问题。

举世无双的港珠澳跨海大桥总工程师林鸣领衔的技术攻坚团队，在岛隧工程领域创造了奇迹。港珠澳大桥作为中国建设的第一条外海沉管隧道，也是世界上规模最大的公路沉管隧道和唯一的深埋沉管隧道。林鸣团队攻坚克难，数次刷新了世界纪录。

成功的团队往往可以创造出远远大于个人能力之所及，甚至超越个人想象范围的工作成就！

然而，并不是任何团队都能取得如此成就，大家千万不要简单地认为将一群人称为"团队"就能创造奇迹。团队形式并不能自动地提高生产力、产生伟大的创意或造就世界级企业，它也可能让人失望。在许多企业，团队一直被提倡和试验，然而成功的并不多。

比如，华为同时推出 P 系列、Mate 系列、Nova 系列、畅享系列手机，每个系列、每款手机都由相应的研发团队、市场运作团队去完成，但最终的市场表现却相差甚远，有些产品持续大卖，如 P20、P30、Mate20、Mate30 等，其他产品则市场表现平平，这就体现了团队之间的差异。

这是为什么呢？我们认为这与大家对团队的认识不足，盲目推崇团队管理有很大关系。图 2-1 展示了对团队的客观认知。

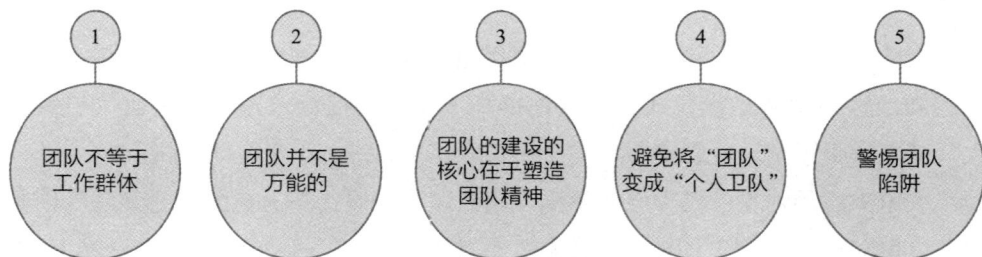

图2-1　客观认知团队

一、团队不等于工作群体

对很多人而言，与"团队"经常混为一谈的是另外一个词，叫作"工作群体"。在许多企业，一群工人或管理人员、一个部门经常被描述为一个"团队"，但是人们往往很快就会发现，被描述成一个"团队"的东西实际上名不副实，"团队"这个词所体现的团结、合作、技能互补、相互信任、共同价值理念、共同目标等特质与日常现实截然不同。

这是怎么回事？是"团队"过时失效了吗？不是，这是因为被描述为"团队"的一群人并没有组成一个真正的团队，他们只是一个工作群体而已。工作群体和团队在功能和性质上是不一样的，随随便便把一个群体称作团队，而不遵循团队建设规律将一个群体建设成为一个真正团队，那就只能是称呼上的改变，而不可能有工作效率上的变化。表 2-1 是团队与工作群体比较。

表2-1　团队与工作群体比较

对比维度	团队	工作群体
目标	团队目标、个人目标	个体目标
规模	中小规模	中等规模或大规模
责任	团队绩效、个人绩效	个体绩效
协同	团队协同	个体作战
技能	相互补充	随机的
成果	1+1>2	1+1=2

　　美国学者乔恩·卡曾巴赫和史密斯在对多个组织中的工作群体和团队进行比较研究之后认为："工作群体的绩效主要依赖于成员的个人贡献，而团队的绩效则基于每个不同角色的人及其能力组合而产生的乘数效应。"

　　美国管理学家斯蒂芬·P. 罗宾斯认为，所谓群体，就是两个或两个以上相互作用、相互依赖的个体为了实现某一特定目标而组成的集合体。

　　工作群体中的成员不一定要参与到需要共同努力的集体工作中，他们也不一定有机会这样做，他们只要做好自己的工作而让其他人做他们的工作，成员之间的工作在很大程度上可以替换。因此，工作群体的绩效，仅仅是每个群体成员个人贡献的总和。另外，在工作群体中，不存在一种积极的能够使群体的总体绩效水平大于个人绩效之和的协同作用。

　　团队则不同，团队是一种为了实现某一目标而由相互协作的个体组成的正式群体。组成团队的个体能力各异、分工明确，因而无法替换，他们的工作是为了帮助其他的团队成员共同完成团队目标，他们通过共同努力产生积极协同作用，这种作用的结果使得个人所作的贡献形成互补，这就造成了团队的绩效水平远远高于个体成员绩效总和。

　　综上所述，团队始于群体，但能达到更高的质量水准。所有的团队都是群体，但只有正式群体才能成为团队。应该说，每个正式群体都可能成为工作团队，而每个团队都可能成为绩效卓越的团队，但这其中必须有创立和建设的过程，而这一过程又涉及人员组成、团队任务确定、团队目标设置、团队组建、团队管理等一系列问题，并不是换个说法就能一蹴而就。表 2-2 是正式团队与工作群体辨识问卷。

表2-2　正式团队与工作群体辨识问卷

正式团队	非常同意	同意	中性	同意	非常同意	工作群体
有共同的工作任务，需要他们一起工作						成员有各自汇报的工作任务
共享领导角色						强有力的明确领导
有共同的目标						有各自的目标
个人和相互问责						个人问责
已经确定了他们可以集体决定的领域						团队成员提出建议，领导决策

续表

正式团队	非常同意	同意	中性	同意	非常同意	工作群体
团队目的不同于组织任务和团队成员目标的总和						小组的目的和更广泛的组织使命是一样的
小组开会讨论如何执行它的目标以及它是如何学习和改进的						队长告诉他们是如何执行的
集体工作产品或工作成果						个人工作产品或工作成果
成员在集体绩效中扮演不同的角色						团队绩效只是个人绩效的总和
通过公开讨论和积极解决问题创造建设性对话						基于议程的会议
通过评估集体工作产品或成果直接衡量绩效						通过对其他人的影响间接衡量其有效性
讨论、决定和共同努力						讨论、决定和委托
当他们不在一起时，成员仍然是团队的一部分						当他们在一起时，成员只是小组的一部分
聚焦任务、流程和学习						专注于任务

二、团队并不是万能的

团队的作用和价值一目了然，但团队也不是万能的，这意味着并不是所有的工作和任务都需要交给团队去完成，如生产线上零件加工，只要每个个体兢兢业业，发挥自己的主观能动性就可以了，并不需要建立团队去完成。

团队也是利弊参半的，它主要有以下几方面的优点：

（1）集思广益，有利于知识资源的交流、共享和利用，提高组织的工作效率。一方面，使管理者得以脱身去做更多的战略规划。当工作以个体为基础设计时，管理者往往要花费大量时间去监督下属的工作和解决下属出现的问题，而很少有时间进行前瞻性、全局性的战略思考。运用团队来工作，则能让管理者把精力主要集中在诸如长期发展战略等重大问题上来；另一方面，把一些决策权力下放给团队，能使组织在做出决策方面具有更大的灵活性和更好的创意。团队成员对与工作相关的问题常常要比管理者知道得更多，并且离这些问题也更近。因此，相比以个体为基础的工作设计来说，采用团队形式，决策常常要迅速得多，这就是华为倡导的"让听得到炮声的人去呼唤炮火"的道理。

《华为基本法》第六条说：资源是会枯竭的，唯有文化才会生生不息。一切工业产品都是人类智能创造的。华为没有可以依存的自然资源，唯有在人的头脑中挖掘出大油田、大森林、大煤矿……精神是可以转化成物质的，物质文明有利于巩固精神文明。我们坚持以精神文明促进物质文明的方针。这里的文化，不仅仅包含知识、技术、管理、情操，也包含了一切促进生产力发展的无形因素。

可以看出，华为文化的核心就是要通过挖掘团队成员的知识、技术、管理、情操等，集思广益，创造更多的物质财富。

（2）高效协同，创造出工作群体无法企及的工作成就。团队工作的最大价值就是要创造出 1+1>2 的工作成就。在阿里巴巴创业初期，马云给"阿里巴巴十八罗汉"畅想未来的时候，他伸出一根手指头告诉大家，阿里巴巴的目标就是每天创造一根指头的利润，当大家猜测马云所说的一根指头究竟是指 1 万元利润、10 万元利润还是 100 万元利润的时候，马云的答案吓了大家一跳。马云说，这一根手指代表每天创造 1000 万元的利润，长远来看要创造 1 亿元的利润。

（3）凝聚人心，让每个团队成员都能自由发挥个人价值。团队还有一个重要的价值，那就是它更能凝聚人、激励人，让团队每一个成员都能最大化发挥潜能。

（4）激发积极性，有利于员工成长。从人的社会性来讲，个人总是希望也要求相互之间有帮助和支持，因此，以团队的方式开展工作，可以促进个人的工作效率，同时还能促进成员之间的合作，创造出一种团队精神，提高士气。它通过营造团队中人与人之间相互依存、团结合作、真诚友善、亲密无间的关系来为个人提供全面发展空间，满足个人的需求，调动个人的积极性和责任感，最大限度地挖掘人的潜能、发挥人的创造性。

当然，团队也存在一些不足和弊端：

（1）成本较高。建设和运用一支团队不仅需要花费资金成本，还需要耗费较长的时间。因为任何团队组建都要经历创立期、风暴期、规范期、运作期和解散期。很多团队在组建过程中始终处于风暴期，团队成员之间长时间无法达成默契，团队成员更迭频繁，造成大量内耗，反而会影响工作效率。

（2）存在"从众"和"搭便车"等现象。当员工在团队中工作时，他们往往会根据团队环境变换自己的工作态度。例如，当团队中意见分歧很大时，往往有许多成员出于礼貌、互相尊重或屈于权威而跟多数人保持一致，或采取无原则的折衷，这样往往使团队发挥不出最佳潜能，这是典型的"从众"现象；当组织采取以团队绩效为基准的集体激励时，又难免会出现"搭便车"现象；而当组织采取个人激励时，个体又可能会出现自私、破坏整体的行为。

（3）会引起整个组织的大变革。从根本上讲，团队是一种全新的管理思想和模式。管理是一个系统工程，因此，引进团队会引起组织内部不同层次上的组织文化、工作规范、员工经济收入、工作地位和习惯、生活观念等方方面面的改变。也就是说，引进团队会受到来自许多方面的阻力，这对于一个传统的组织来讲，是一件非常棘手的事情。一旦处理不当，就会给组织带来不必要的混乱。

团队有利也有弊，至于运用团队是利大于弊还是弊大于利，不能一概而论。但有一点可以肯定，由于团队本身存在一定弊端，所以它不是万能的。因此，在实践中到底采取团队形式还是个人负责的工作群体形式，必须视具体情况而定。

三、团队的建设在于塑造团队精神

我们必须抓住团队思想的精髓建设和运用团队，即要以人为本，培养员工的团队精神，通过人与人之间的协作，充分调动员工的积极性和创造性，实现个体的全面发展和整个集体的健康发展。

团队不仅是一种组织形式，还是进行人力资源开发和管理的有效途径。更重要的是，团队本身代表着一种文化，一种"以人为本"的管理思想和管理哲学，主要包括以下几方面内涵：

（1）团队以个人利益为基础和前提，尊重个人，根据成员的个性和能力合理安排个人工作，使人适合于工作，也使工作适合于人。

（2）团队是个人利益得以实现的必要形式和中介，团队首先要保证并促进个人利益的实现，为个人发展尽可能提供环境和机会，然后才是对个人损害集体与他人行为的防范，使个人离不开组织，也使组织离不开个人。

（3）团队通过成员民主参与团队事务来调动成员的"主人翁"意识，激发他们的积极性和创造性，从而提高个人工作效率。

（4）团队建设最重要的目标就是创造团队精神。一个团队是否高效就看这个团队有没有团队精神，以及是怎样的一种团队精神。综合国内外许多学者的研究成果，我们把团队精神定义为：团队成员对团队感到满意与认同，自愿并主动为了团队的利益和目标相互协作、尽心尽力、努力奋斗的意愿和作风。它的实质是一种集体主义精神，这种精神既表现为团队成员对团队的忠诚和奉献，还表现为团队成员之间的尊重、信任、宽容、团结协作，同时也表现为团队成员奋发向上、积极创新的精神风貌。

有学者强调，建设高效团队就是要增强团队的凝聚力、培养成员对团队的忠诚度和成员之间的相互信任。这其实就是要培养团队成员的团队精神，用它来指导和规范团队成员的观念和行为，使一个团队能抵御外界影响。任何一个企业都需要员工对它的忠诚和奉献，都需要员工之间的团结协作。所以，对于企业来讲，是否采取团队形式并不重要，重要的是能否在某个部门或整个企业内培养员工的团队精神。

四、避免将"团队"变成"卫队"

团队的好处大家都知道，但在团队建设过程中要警惕将"团队"变成团队负责人个人"卫队"的情况。我们经常会看到在有些企业，一个高管离职的同时还带走了企业一大群骨干，要么出去另立门户开始创业，要么集体加入竞争对手的阵营；有些团队任务完成情况未达到预期，当企业要问责的时候，团队内部从上到下层层庇护；还有些团队把自己包裹得严严实实，团队内部的信息从不向外透露，企业管理层想了解团队工作开展状况都很难……以上种种，却是典型的团队负责人将"团队"变成个人"卫队"的实例，这对企业而言是非常危险的。

为解决这个问题，企业首先应该建立完善的人力资源管理体系和公正公平的评估体系，减少评估中人为操纵的因素，以此降低团队负责人凭着企业所赋予的权利而打造个人卫队的机会。当发现这种苗头后，应该及时采取措施，包括割断利益纽带，或者进行适当的岗位、人员调配，把问题扼杀在萌芽状态。

其次，加强知识管理。知识管理就是将资源与人分离，将团队资源沉淀到企业当中，而不是沉淀在个人身上。这样，即使团队集体出走，也不会造成过大的冲击。在招聘时应该评估引进一个团队的风险，确实需要引进的话，也要注意知识资源的转移。因为一个团队可以集体到这家公司，也可以集体到另一家公司去。加强了知识转移后，可以将新团队带来的知识资源沉淀到本企业中来。

最后，也可以在法律中寻求保护，在与团队负责人签订团队目标责任书的时候，应该适当加上一些条款，在法律上保护企业权益。

总之，企业的情况不同，解决方法也不同。不过，不论企业的情况是什么样的，必须从正反两个方向进行思考，才能比较好地解决这个问题。

五、警惕团队陷阱

团队陷阱是指在团队管理中暂时还没有表现出来，但是必然会对团队发展产生负面影响的行为，这些行为严重时可能会颠覆一个团队。比如团队负责人主动放弃自己的权力、团队计划不连贯、团队负责人政治"自杀"、团队成员的傲慢情绪、团队分工不清、人员责任不明、团队总是追求短期目标、团队中经常有制造混乱的成员、团队成员之间缺少协同工作的习惯、团队缺少关键技能和知识及解决办法等。

以上陷阱都会对团队产生影响。为了让团队发挥其应有价值，我们可以采取以下方式有效规避团队陷阱，如图 2-2 所示：

1. 提升团队能力

团队负责人对团队自身发展的长期目标承担责任。如果一个团队被授予新的权力和责任，却缺少必需的能力，这样的团队注定是失败的。以下几个步骤有助于提升团队的能力：

（1）分享所有相关的信息，而且要保证团队成员完全明白这些信息。

（2）强化团队处理问题的能力。

（3）提高团队的决策能力。

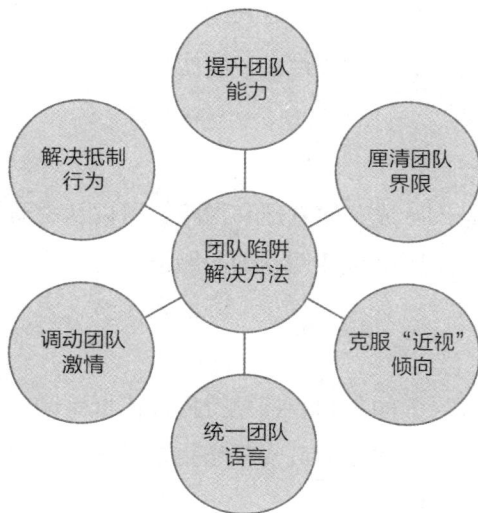

图2-2　团队陷阱解决方法

2. 厘清团队界限

厘清团队界限有助于团队聚焦于自己能做什么，防止做出向客户提供不恰当产品或服务的决议。边界条件确立了团队开展工作的界限或限制，这种管理技术为团队提供了较高层次的自治。当出现问题或面临机会时，应鼓励团队做出创造性的决议；当团队不断成熟并充分显示其能力时，边界条件应不断放宽。

3. 克服"近视"倾向

要确保所有团队成员对该团队及其目标和结构有一个基本的认识。团队成员如果不具备关于团队的基本知识，自然难以认识到某个决议对其他团队和整个公司的潜在影响。团队成员的全局观点越强，他们在做决策时对工作的全盘考虑就会越多，就越能克服"近视"倾向。在执行一项会对另一团队或部门具有直接影响的决议之前，应当反复权衡，尤其应将受影响部门的反馈纳入考虑。此时，新的观点将会出现，这通常会大大改变最初的决议。

如果一个团队正在做出一些对其他团队有负面影响的决议时，应当马上向其成员提供坦诚而直接的反馈。因为问题制造者可能会是组织中最后一批认识到他们的决议具有消极影响的人。有效的方法就是站在所有关联方的角度描述这个决议。这种方法有助于揭示一个对一方似乎有利的决议对另一方可能是彻头彻尾的灾难。通过详细描述不同的观点，团队成员将会懂得欣赏和理解存在于组织内部的相互依存性以及在决策过程中考虑这种依存性的重要性。

4. 统一团队语言

在团队内部就团队任务、团队目标、团队沟通语言进行统一，消除杂音、消除杂念。

5. 调动团队激情

团队激情的调动是团队成功的基础和保障，可以从物质层面、精神层面、成长与发展层面着手。关于团队激情调动的问题读者可以查阅本书第十五章相关内容，在此不再赘述。

6. 解决抵制行为

团队成员对官派领导人的影响和指导持反抗或抵制倾向，是团队发展期的一种自然现象。克服团队反抗情绪的最佳策略是把时间和精力都集中在谈论如何履行团队成员与团队负责人的职责上。

第三章 打造高绩效团队

前几天有人问我：什么是高绩效团队？

我的回答是：武汉火神山医院的建设团队就是高绩效团队，他们用了10天的时间就建成了一家1000余床位的医院。

尽管每个成功团队都有其不可替代的特质，但它们也存在一些共同点，如图3-1所示：

1. 效率至上

团队负责人及成员始终坚持效率优先原则。当然，这里所指的效率可能是工作时间更短，可能是成本更低，也可能是品质更好，还可能是客户更满意、团队更和谐。总而言之，高绩效团队一定要围绕目标定义自己的效率维度，并全力以赴创造一般工作群体无法企及的业绩。

2. 目标一致

目标一致有两层意思：一是团队每一位成员都知道团队的目标是什么，自己的目标是什么；二是每一位成员都对团队目标的达成坚信不疑，对自己目标的达成全力以赴。

3. 成果导向

没有成果，一切努力都等于零，因为市场不相信眼泪。高绩效团队更是如此，在既定条件下超目标达成才是团队每个成员的使命所在，强调"苦劳""疲劳"的人是不适合待在高绩效团队中的。有句话讲得特别好："努力到无能为力，坚持到感动自己。"

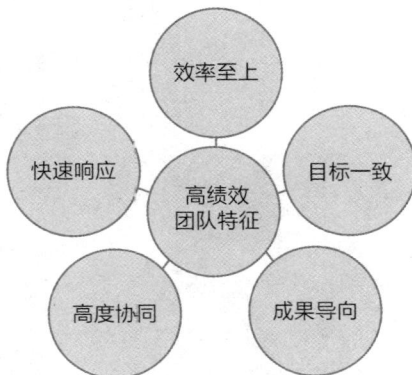

图3-1　高绩效团队特征

4. 高度协同

放低自己的身段，以团队整体目标为重；放弃自己的蝇头小利，以团队整体利益为重；放弃计较个人得失，以团队任务完成论功劳。并在上述前提下，乐于沟通，乐于协同、乐于分享。这才是高绩效团队成功的关键。

5. 快速响应

不论遇到什么困难，不论内外部环境如何变化，都能保持"敌动我动，敌不动我也动""山不过来，我就过去"的做事方法，才能创造奇迹。

一、团队生命周期

任何团队都会经历从组建到成熟运作、解散等不同的发展阶段。美国管理学家布鲁斯·塔克曼将团队生命周期分为五个阶段，分别为创立期、风暴期、规范期、运作期和解散期，如图3-2所示。

在建立团队的时候首先需要明确团队的目标，以及实现团队目标必需的技能。同时，还需要注意尽可能压缩团队创立期和风暴期的时间，并通过团队成员的共同努力使团队规范期和运作期尽可能保持更长的时间。因为一般来讲，团队在创立期和风暴期对组织的整体贡献会很小，甚至没有任何贡献，而真正能够为组织创造价值通常是在团队规范期和运作期完成的。

| 创立期 | 风暴期 | 规范期 | 运作期 | 解散期 |

图3-2 布鲁斯·塔克曼团队生命周期模型

1. 创立期

创立阶段促使个体成员转变为团队成员。每个人在这一阶段都有许多疑问：我们的目的是什么？其他团队成员的技能、人品怎么样？每个人都急于知道他们能否与其他成员合得来，自己能否被接受？

为使团队方向明确，团队负责人一定要向团队说明团队工作任务及目标，并设想出团队成功的美好前景以及成功所产生的益处，并公布团队的工作范围、工作标准、预算及进度计划的标准和限制。团队负责人在这一阶段还要进行组织组建工作，包括确立团队工作的初始操作规程、规范沟通渠道、审批及文件记录工作。所以在这一阶段，对于团队成员采取的有效激励方式主要为预期激励、信息激励和参与激励。

2. 风暴期

这一阶段，成员们开始着手执行分配到的任务，缓慢地推进工作。现实也许会与个人当初的设想不一致。例如，任务比预计的更繁重或更困难；成本或进度计划的限制可能比预计的更紧张；成员们越来越不满意团队负责人的指导或命令。

风暴期的特点是人们有挫折、愤怒或者对立的情绪。这一阶段士气很低，成员可能会抵制形成团队，因为他们要表达与团队联合相对立的个性。

因此，在这一阶段，团队负责人要做好向导工作，致力于解决矛盾，绝不能通过压制来使其消失。这时，对于团队成员采取的激励方式主要是参与激励、责任激励和信息激励。

3. 规范期

经受了震荡阶段的考验，团队将进入发展的正规阶段。团队成员逐渐接受了现有的工作环境，团队的凝聚力开始形成。这一阶段，随着成员之间开始相互信任，团队内大量地交流信息、观点和感情，合作意识增强。团队成员互相交换看法，并感觉到可以自由地、建设性地表达情绪及意见。

在规范期，团队负责人采取的激励方式除参与激励外，还有两个重要方式：一是发掘每个成员的成就感和责任意识，引导员工进行自我激励；二是尽可能地多创造团队成员之间互相沟通、互相学习的环境，以及从团队外部聘请专家讲解与项目有关的新知识、新技术，给员工充分的知识激励。

4. 运作期

这时候团队成员积极工作，急于实现团队目标。这一阶段的工作绩效很高，团队有集体感和荣誉感，信心十足。团队能感觉到被高度授权，如果出现技术难题，就由适当的团队成员组成临时攻关小组，解决问题后再将相关知识或技巧在团队内部快速共享。

这一阶段，团队负责人需要特别关注预算、进度、工作范围及计划方面的项目业绩。如果实际进程落后于计划进程，团队负责人就需要协助修正行动的制定与执行。这一阶段激励的主要方式是危机激励、目标激励和知识激励。

5. 解散期

对于一些问题导向型团队或跨功能型团队而言（如研发团队、品管团队、跨部门工作团队等），团队解散是必经之路。这时候团队成员将注意力集中在团队工作的收尾，不再追求高绩效，很多人会表现出团队目标达成的喜悦感，但同时也会有强烈的失落感。这时候比较理想的激励方式就是工作成果激励、荣誉激励等。当然，对于一些永久性团队而言，不会有解散期。

二、团队成熟度

从前文提到的团队生命周期可以看出，一个团队真正发挥价值是在规范期和运作期，这时候的团队才能称为高绩效团队，而在创立期、风暴期和解散期的团队不可能创造奇迹。

为了帮助大家充分认识高绩效团队特质，尽可能缩短团队创立期、风暴期，快速建立高绩效团队，美国管理专家理查德·巴雷特建立了一套团队成熟度模型，如表3-1所示。

表3-1　理查德·巴雷特团队成熟度模型

团队成熟度级别	团队成熟度标志	团队成熟度特征
第一层级	生存意识	团队关注自身的生存 需要一个运营授权 拥有足够资源，包括资金、人力、技术
第二层级	关系意识	开始关注团队成员之间的和谐关系
第三层级	自尊意识	团队关注其业绩，在其运营方式和结果方面建立集体自豪感
第四层级	转型意识	团队更能够反思自己的集体流程并参与成为一个学习型团队 团队成员开始承担更多的责任
第五层级	内部凝聚力意识	重点在于培养团队的共同意识，使团队的整体愿景和价值观一致，释放团队成员的承诺和热情

续表

团队成熟度级别	团队成熟度标志	团队成熟度特征
第六层级	创造不同的意识	团队的重点在于与所有主要利益相关者建立合作伙伴关系
第七层级	服务意识	团队专注于成为集体力量，可以为所有利益相关者创造可持续价值

从理查德·巴雷特团队成熟度模型可以看出，团队成熟度只有达到第四层级甚至以上的时候，才能真正称为高绩效团队。

三、打造高绩效团队

一提到团队，大家会在第一时间想到军队，他们整齐划一的步伐，训练有素的行动，为人民服务的精神以及舍身忘我、视死如归的气概让每个团队负责人都想将自己的团队打造成像军队那样"特别能吃苦，特别能战斗"以及"召之即来，来之能战，战之必胜"！

打造高绩效团队有以下几个关键点（如图3-3所示）：

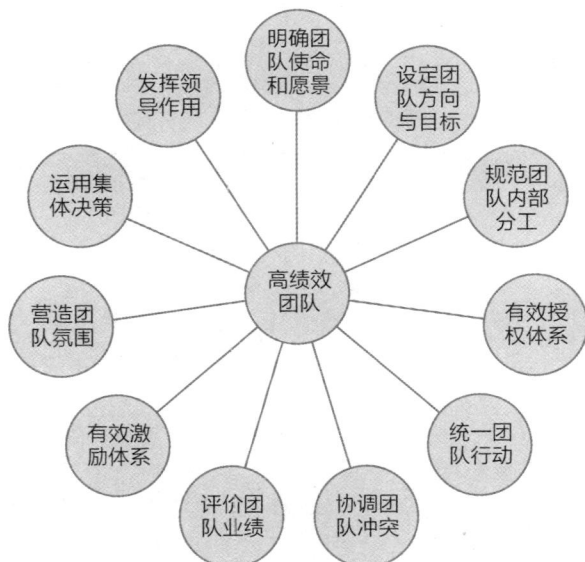

图3-3 高绩效团队建设

1. 明确团队使命和愿景

大到一个企业，小到一个部门，都是一个团队，企业各级管理者都需要带领一个团队进行工作，这就需要各级管理者为自己所带领的这个团队建立使命、描绘愿景。

在我们身边有很多优秀的组织，他们的使命和愿景非常有凝聚力。大家都熟悉的军队是一个非常有使命感的组织，自从入伍的那天起，所有军人都知道自己的唯一使命就是保家卫国；奥运代表团也是一个极具使命感的组织，所有运动员都知道要拿金牌为祖国争光。

的确，任何团队都需要清晰描绘自己的愿景和使命。关于这一点，保险、证券等金融行业的销售团队就做得非常好，他们会给每一个组织起一个极富激励性的名字，如阳光团队、天狼团队、雪豹团队、亮剑团队、钢七连等，然后描绘团队的愿景，这样一来，团队的战斗力一下子就起来了。

大家都熟悉阿里巴巴"十八罗汉"。1999 年 2 月 20 日，18 个人挤在杭州湖畔花园 16 栋 3 楼的一个小房子里，被马云提出的"要做一家中国人创办的世界上最伟大的互联网公司"的愿景所吸引，从此开启了阿里巴巴互联网商业帝国的建设。

2. 设定团队方向与目标

对于企业而言，战略和年度经营计划确定了发展方向，所有员工只要按照既定的发展方向努力就可以了。但对于一个团队来讲，不能没有明确的发展战略，因此团队必须清晰回答自己努力的方向什么，是解决特定问题（问题解决型团队）？还是跨部门协同（跨功能型团队）？抑或是寻找及实践解决问题的方法（自我管理型团队）？

另外，除了设定团队发展方向外，还需要进一步明确团队目标。这些目标既包括财务目标，也包括客户服务目标，还包括内部流程运营效率目标、员工成长与发展目标以及团队内部建设目标等。

3. 规范团队内部分工

任何一个团队都需要建立自己的组织结构，设置几个角色、每个角色设几个编制、每个角色需要什么样的任职要求、由哪位员工来做更合适……所有这些工作，都需要团队成员共同思考清楚。因为团队不是拥有职位的一群人，而是聚合在一起的个体，团队中每个人扮演相应的角色，并且彼此理解、相互尊重。

4. 有效授权体系

团队之所以能有效运作，很大程度上归功于团队内部成员享有充分自主的决策权，包括能够制订团队目标及工作计划、自主选拔员工、评估绩效等。但是充分的授权并不等于不需要领导和管理，故授权应分阶段有计划有控制地进行，避免造成混乱。企业领导应以灵活方式逐步放权，并不断对团队的绩效进行评估。

5. 统一团队行动

统一行动是确保团队目标实现的关键，团队的整体运作就如"三人四足"或"十人十一足"游戏那样，任何一个环节出现问题都会导致游戏失败，因此统一团队思想、统一团队行动也是至关重要的。

6. 协调团队冲突

团队在实际运作过程中，不可避免地会出现团队成员之间、团队与外部之间的工作冲突，这就需要团队建立一套冲突解决的原则、思路和方法，以减少产生不必要的麻烦，提升团队运作效率。

7. 评价团队业绩

常常出现这样的情况：当团队很小的时候，团队组织绩效很高，随着团队规模的增加，团队组织绩效越来越低。正所谓：一个和尚挑水喝，两个和尚抬水喝，三个和尚没水喝。一个和尚的时候假设他的绩效为1；两个和尚的时候整体绩效还是1，但人均绩效就变成了1/2；三个和尚的时候整体绩效则变成了0。这就需要在团队内部建立一套完善的业绩评价体系，确保不让"雷锋选手"吃亏，也杜绝混水摸鱼、滥竽充数。

8. 有效激励体系

一般而言，正激励的效果远强于负激励，因而企业应为团队的顺利运行制定一个完善的奖励体系。同时，相对绩效评价制度也是一种有效的激励措施。它能够在一定程度上控制和反映出成员的相应努力水平。除团队成员间进行相对绩效评价外，团队之间也可进行绩效评价。

9. 营造团队氛围

企业讲文化，团队谈氛围，其实本质是一样的。文化和氛围就像一道润滑剂，它可以帮助组织内部调节工作气氛，建立积极健康的工作环境。

不同的团队可以建立不同的氛围。研发团队需要建立科学、踏实的工作氛围，营销团队需要建立狼性、进攻的工作氛围，财务团队需要建立严谨、务实的工作氛围，服务团队需要建立热情、耐心的工作氛围。但不论如何，每个团队都应该根据自己的使命及特点，在不违背企业整体文化的前提下，塑造和建立适合自己的团队氛围。

10. 运用集体决策

集体决策既能够满足员工的参与要求，又能够集结众人的智慧，使决策更优化。因而在很多情况下，它具有个人决策无法企及的优点。尤其在跨功能团队中，几乎每一名成员都来自不同的职能部门，专业和技能互为补充，一项任务的完成在知识和信息分散的情况下，集体决策变得更为重要。但应注意避免集体决策"议而不决"的致命弊病。

11. 发挥领导作用

首先，团队负责人应将有价值并且可接受的价值观传达给团队，使团队成员接受内部的规范和规则，并在价值观引导下培养起团队凝聚力。其次，亲和、平等地与团队成员进行交谈和工作，激发员工的积极性和创造性。最后，领导者需要不断学习以提高自身的素质和能力，为团队的发展指明正确的方向。

第二部分

PART TWO

团队组建篇

使命决定愿景，愿景决定结构……在所有组织中，90% 左右的问题是共同的，不同的大约只有 10%。只有这 10% 需要适应这个组织特定的使命、特定的文化和特定的语言。

——彼得·德鲁克

愿景概述了团队想要成为的榜样，或者它想要对其所处的世界产生什么样的影响。愿景专注于未来，并提供灵感。

——迈克尔·A.韦斯特

团队就是由两个或者两个以上的，相互作用、相互依赖的个体，为了特定目标而按照一定规则结合在一起的组织。

——斯蒂芬·P.罗宾斯

只有团队成员们勇于承担冲突的风险，互相信任、互相依赖，努力工作，真正的团队才能形成。

——卡岑巴赫、史密斯

用正确的方法组建团队，是确保团队高绩效运营的基础。就如盖房子需要打地基一样，地基不稳，房子一定倾覆。

——本书作者

第四章

明确团队分工

迈克尔·A.韦斯特说：创建团队的目的是为了解决人们单独或并行工作时无法完成或极难完成的任务。因此，是任务定义了团队，而不是团队定义了任务。

组建团队的第一步就是要清晰地定义团队任务。同时，为了提升团队运营效率，还需要对任务完成的业务逻辑进行规划，并在此基础上规划团队任务协作流程，明确团队内部分工，确定团队成员各自的角色。

梅雷迪思·贝尔宾在《管理团队：成败启示录》一书中将团队角色分为九个（如图 4-1 所示），分别为：

（1）智多星。富有创意和想象力的问题解决者。

（2）审议员。深入探究不同选项的战略思考者。

（3）协调者。将团队成员聚集在一起讨论和分享想法的协调人。

（4）外交家。踊跃发展人际关系，争取机会的社交达人。

（5）执行者。希望以组织化方式完成目标的实用可靠的成员。

（6）完成者。按时认真完成工作的成员。

（7）凝聚者。与其他人一起合作并努力实现最终目标的成员。

（8）塑造者。愿意为达到最佳结果而直面问题，并富有活力、敢于接受挑战的团队成员。

（9）专业师。具有专业技能和知识的个人。

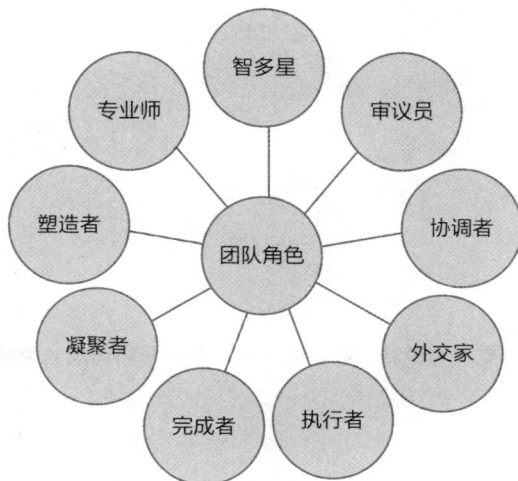

图4-1　梅雷迪思·贝尔宾团队角色分类

英国团队管理专家迈克·布伦特、菲奥娜·爱尔莎·丹特将团队角色导向分为六类（如图 4-2 所示）：

（1）关系导向。关系导向是以人为本，他们需要相互鼓励、相互协同、倾听意见、支持他人。这一角色通常是调节者，他们的职责是确保团队内部和谐。

（2）行动导向。行动导向以成果为本，他们精力充沛，把工作任务放在首位，富有见解，热衷于团队目标达成。

（3）分析导向。分析导向是需要了解团队任务的基本原理，他们需要收集数据，并加以整理和分析，为团队决策提供依据。

（4）过程导向。过程导向是需要了解团队任务执行及目标实现过程中的每一个细节，并督导团队成员完成。

（5）专家导向。专家导向的主要贡献是给团队带来专业知识。专家有自己独到的见解，可能是团队内部某一领域的最高权威。

（6）创意导向。创意导向是鼓励团队成员从崭新的视角看待事物，并提出新颖的工作方法来提升团队工作效率。

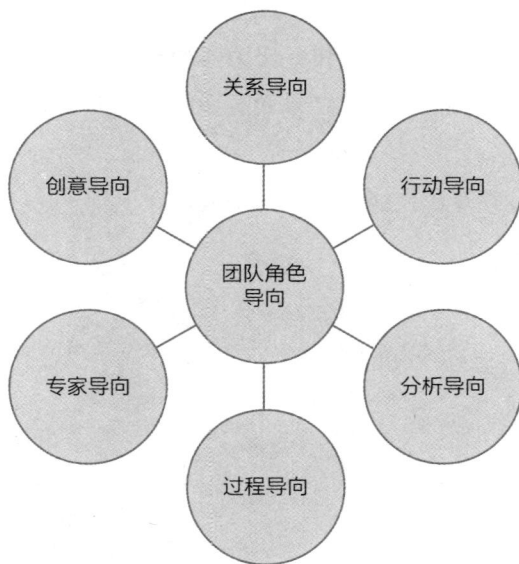

图4-2　迈克·布伦特、菲奥娜·爱尔莎·丹特团队角色导向分类

一、定义团队核心任务

前文提到团队有功能型团队、跨学科型团队、问题解决型团队、虚拟型团队、自我管理型团队、委员会型团队等。虽然不同类型的团队各有特点，运作模式也存在很大差异，但只要是团队，就必须明确团队任务。

迈克尔·A.韦斯特指出，在确定团队核心任务之前，首先要搞清楚什么样的任务更适合团队而非个人来完成。适合团队完成的工作任务特点如图 4-3 所示。

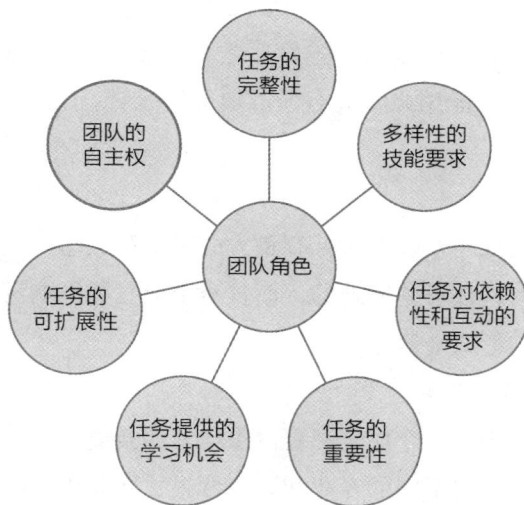

图4-3　迈克尔·A.韦斯特的团队任务特点

1.任务的完整性

团队任务一定是一件完整的工作，而不是一项工作中的局部和某一个细节。如一场足球比赛就是一件完整的任务，处理一件客户投诉、组织一次大型招商活动、开发一款新产品都是一件完整的任务。

2.多样性的技能要求

完成任务需要一系列技能，而这些技能很难由一个人所具备。如足球比赛需要前锋、中卫、后卫和守门员等不同技能，招商活动需要统筹、策划、美工、主持、组织、执行等不同的技能。

3. 任务对依赖性和互动的要求

任务要求很多人在一起工作，相互依赖，共同交流与分享经验。

《西游记》中的唐僧团队是一个非常典型的例子。唐僧对取得真经的目标坚忍不拔，即便遇到再大的困难，也从来没有产生丝毫动摇，这是一个称职的团队负责人，是团队的凝聚者；孙悟空技能超群，在团队遇到困难的时候总能逢凶化吉，是团队的智多星；猪八戒除妖降魔的能耐虽然没有孙悟空大，但也是团队不可或缺的协调者；沙和尚兢兢业业，完成自己挑担的职责，是团队中典型的完成者、执行者。

刘邦、张良、萧何和韩信也是一个了不起的团队。刘邦是团队负责人，树立核心价值理念，坚守目标；张良运筹帷幄；萧何筹集粮草；韩信统领三军。虽然刘邦说："夫运筹帷幄之中，决胜千里之外，吾不如子房。镇国家，抚百姓，给馈饷，不绝粮道，吾不如萧何。连百万之军，战必胜，攻必取，吾不如韩信。此三者，皆人杰也，吾能用之，此吾所以取天下也。"正是这样的完美团队，成就了汉朝伟业。

4. 任务的重要性

任务对实现组织战略及经营目标有重大的影响和战略意义。在企业内部有些任务是例行性的，有些任务是例外的，而且对企业发展影响深远，我们的经验是后者更适合用团队的形式来运作。

5. 任务提供的学习机会

任务在完成过程中为各个成员都提供了丰富的技能、经验学习机会。由于团队的性质决定了成员来自不同的专业和职业背景，团队内部成员之间就已经存在相互学习的绝佳机会。

6. 任务的可扩展性

任务能够不断发展，这些发展可能是新技术的发展，也可能是新经营环境变化，这种发展和变化对团队成员提出更多的挑战，需要成员各自承担更多的责任。

7. 团队的自主权

团队成员在工作上有很大的自主权，这包括团队内部工作标准、协作规则、分工调整、工作成果、团队成员甄选与招聘、培训与发展、评价与激励等。

我们拿一个手机新产品研发团队来分析。首先这个团队的任务是从新产品规划经过公司产品委员会审批、正式立项开始，经过工业设计、结构设计、硬件设计、软件开发、界面设计等一系列开发，到产品试产、中批、量产验证，最终达到可批量交付为止，这是一个新产品从无到有的一项完整的工作任务。在这个任务实现的过程中对团队成员的技能要求跨度很大，涉及工业设计、机械设计、电子开发、软件开发、工业工程、生产管理、品质管理、项目管理等多个专业。最重要的是不同专业的个体在工作过程中有严密的分工与协作规则，彼此之间高度依存。另外，在这个团队中需要明确和建立很多工作规范和技术标准，如工业设计规范、结构设计规范、硬件开发规范、软件开发规范、项目进度管理制度、项目管理流程等。

再来看一个企业经营委员会的例子。经营委员会是典型的委员会型团队，经营委员会的任务包括发展战略确定、年度经营策略及经营目标确定、年度经营过程检讨和管理、重大经营决策、审批经营激励方案等，这些任务涵盖发展战略规划、年度经营计划制订、年度经营计划实施管理，贯穿企业完整战略周期及年度经营。一般来讲，企业经营委员会成员包括总经理、营销总监、研发总监、供应链总监、人力资源总监、财务总监等高管，这些人代表了企业内部价值链的不同领域和专业，同时企业经营也需要经营委员会成员相互依赖、高度协同。

不同团队的任务是不同的，为了确保团队成员快速进入角色，企业在组建团队之前就要对团队成员所需完成的任务加以清晰地定义。

【案例 4-1】深圳信睿生物科技新产品开发团队核心任务描述

深圳信睿生物科技是一家专业的化妆品研发高科技企业，新产品开发团队核心任务包括新产品立项及开发、新产品测试及试用、新产品量产准备及量产、新产品上市管理、新产品生命周期管理等。表 4-1 是该企业新产品开发团队核心任务清单。

表4-1　深圳信睿生物科技新产品开发团队任务清单

任务阶段	任务清单
1. 新产品立项及开发	1.1成立项目小组、1.2产品定义（1.2.1目标客户画像、1.2.2产品功能定义、1.2.3产品规格与容量定义、1.2.4产品性状定义、1.2.5产品包装定义、1.2.6产品配件定义、1.2.7预计上市时间定义）、1.3产品成本预测、1.4产品定义评审、1.5新产品立项、1.6新产品开发计划、1.7新产品内料开发（1.7.1配方设计、1.7.2原料筛选、1.7.3产品打样）、1.8包材开发（1.8.1包材筛选、1.8.2包材设计、1.8.3包材打样）

续表

任务阶段	任务清单
2. 新产品测试及试用	2.1内料测试（2.1.1功效测试、2.1.2感官测试、2.1.3产品稳定性测试、2.1.4产品安全性测试）、2.2包材测试（2.2.1相容性测试、2.2.2性能测试）、2.3产品试用
3. 新产品量产准备及量产	3.1物料编码、3.2输出物料清单、3.3品质控制标准（3.3.1原材料品质标准、3.3.2半成品品质标准、3.3.3成品品质标准）、3.4工艺文件、3.5工厂试产、3.6试产总结、3.7产品定版、3.8量产移交
4. 新产品上市管理	4.1产品备案、4.2产品命名、4.3量产辅导、4.4产品上市准备（4.4.1上市前小样提供、4.4.2大货样品提供、4.4.3产品卖点提炼、4.4.4产品技术资料输出）、4.5市场推广准备（4.5.1市场物料准备、4.5.2市场活动准备）
5. 新产品生命周期管理	5.1产品升级、5.2产品迭代、5.3产品退市

如表 4-1 所示，深圳信睿生物科技新产品开发团队核心任务可以分为 5 大部分，而每一部分都包括若干具体的工作事项。

二、明确团队任务逻辑

在明确团队任务的时候，从表面上看，似乎任务之间没有严密的逻辑关系，因为这些任务之间有些是并列的，也有些是有前后逻辑关系的，但对一项完整的工作而言，任务之间必须有清晰的输入与输出，同时团队成员也必须找出任务之间的先后及逻辑关系，绘制团队任务逻辑关系图。

可以说，定义团队核心任务只是说清楚了团队成员究竟要做什么，至于团队成员到底如何有效协同，如何体现各自在团队中的价值，则要求团队负责人必须清楚地表达出团队核心任务的逻辑关系，便于团队成员迅速进入角色。

【案例 4-2】深圳信睿生物科技新产品开发核心任务逻辑关系分析

接【案例 4-1】，图 4-4 是深圳信睿生物科技新产品开发核心任务逻辑关系图。

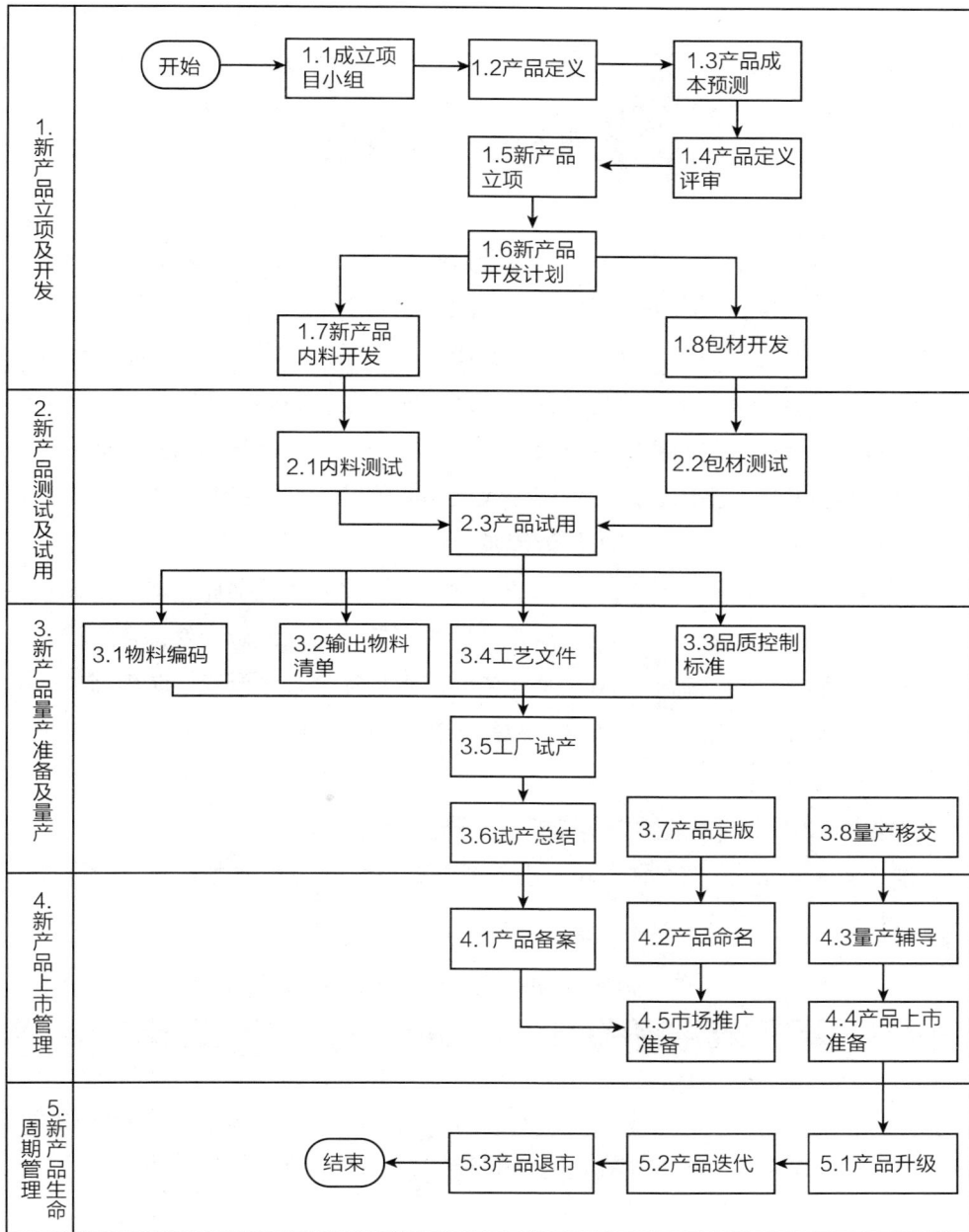

图4-4　深圳信睿生物科技新产品开发核心任务逻辑关系图

如图 4-4 所示，有了团队核心任务逻辑关系图，团队成员对团队需要完成的工作就一目了然了，这也能减少很多由于不清楚、不理解而造成的无效沟通和消耗。

三、团队流程与协作

对于企业而言，先有战略，其次是流程，最后是组织，也就是我们通常所说的战略决定流程，流程决定组织。对于团队而言也是如此，团队核心任务已经明确了团队需要完成的工作及核心价值，团队核心任务逻辑关系图更加直观地展示了任务之间的逻辑关系，但这些任务如何才能高效率完成？团队成员之间如何有效协同？每项任务之间的衔接点及工作任务的输入、输出是什么？标准又是什么？以上问题的答案是团队能否圆满完成任务的关键。根据我们的经验，要想回答好以上问题，团队必须明确工作流程及标准。

当然，团队在明确工作流程及标准的过程中，需同步识别任务清单中完成每项任务所需要的角色及每个角色所需要承担的责任。通常的做法就是在进行核心任务逻辑关系分析的基础上，将相关任务用流程贯穿起来，形成团队内部横向的业务链。下面我们还是用深圳信睿生物科技新产品开发核心任务为例加以说明。

【案例 4-3】深圳信睿生物科技新产品开发流程规划

接【案例 4-2】，首先我们对该企业新产品开发过程中需要建立的流程及角色进行识别，具体见表 4-2：

表4-2　深圳信睿生物科技新产品开发流程规划

流程名称	对应任务序号	流程输入	流程输出	流程角色
新产品立项流程	1.1、1.2（1.2.1、1.2.2、1.2.3、1.2.4、1.2.5、1.2.6、1.2.7）、1.3、1.4、1.5	年度产品研发规划、产品规划表	新产品立项书	产品委员会主任、产品规划工程师、项目团队负责人、内料开发工程师、包材开发工程师
新产品内料开发流程	1.6、1.7（1.7.1、1.7.2、1.7.3）、2.1（2.1.1、2.1.2、2.1.3、2.1.4）	新产品立项书	内料开发报告	内料开发工程师、内料测试工程师、采购专员、项目团队负责人

续表

流程名称	对应任务序号	流程输入	流程输出	流程角色
新产品包装开发流程	1.6、1.8（1.8.1、1.8.2、1.8.3）、2.2（2.2.1、2.2.2）	新产品立项书	包装开发报告	包材开发工程师、包材测试工程师、采购专员、项目团队负责人
新产品试用流程	2.3	新产品开发样品	新产品试用报告	新产品试用工程师、内料开发工程师、包材开发工程师、项目团队负责人
新产品试产流程	3.1、3.2、3.3（3.3.1、3.3.2、3.3.3）、3.4、3.5、3.6、3.7	新产品试产申请	新产品定版报告	开发工程师、工艺工程师、品质工程师、采购专员、生产计划员、生产车间
新产品量产流程	3.8、4.3	新产品量产申请	新产品量产报告	开发工程师、工艺工程师、品质工程师、采购专员、生产计划员、生产车间
新产品备案流程	4.1、4.2	新产品试产报告	新产品备案批文	产品备案专员
新产品上市流程	4.4（4.4.1、4.4.2、4.4.3、4.4.4）、4.5（4.5.1、4.5.2）	新产品备案批文、新产品量产报告	新产品上市总结	市场专员、开发工程师、项目团队负责人、产品委员会主任
新产品生命周期管理流程	5.1、5.2、5.3	新产品升级申请	产品生命周期总结报告	产品委员会主任、开发工程师、项目团队负责人

从表4-2可以看出，为了圆满完成团队任务，该项目开发团队需要建立新产品立项流程、新产品内料开发流程、新产品包装开发流程等9大流程，在这9大流程运行过程中共有产品委员会主任、项目团队负责人、产品规划工程师、内料开发工程师、内料测试工程师等15个流程角色。

为了明确各个流程中不同角色的协作关系，我们用流程图进行表达，如图4-5和图4-6所示：

产品规划工程师	内料开发工程师、包材开发工程师	项目团队负责人	产品委员会
产品规划表		开始	年度产品研发规划
		1.1成立项目小组	
		1.2产品定义	
1.2.1目标客户画像	1.2.2产品动能定义		
	1.2.3产品规格与质量定义		
	1.2.4产品性状定义		
	1.2.5产品包装定义		
1.2.7预计上市时间定义	1.2.6产品配件定义		
		1.3产品成本预测	
		输出产品定义书	
产品定义书归档		1.4产品定义评审	审批
		1.5组织新产品立项会议	
		结束	

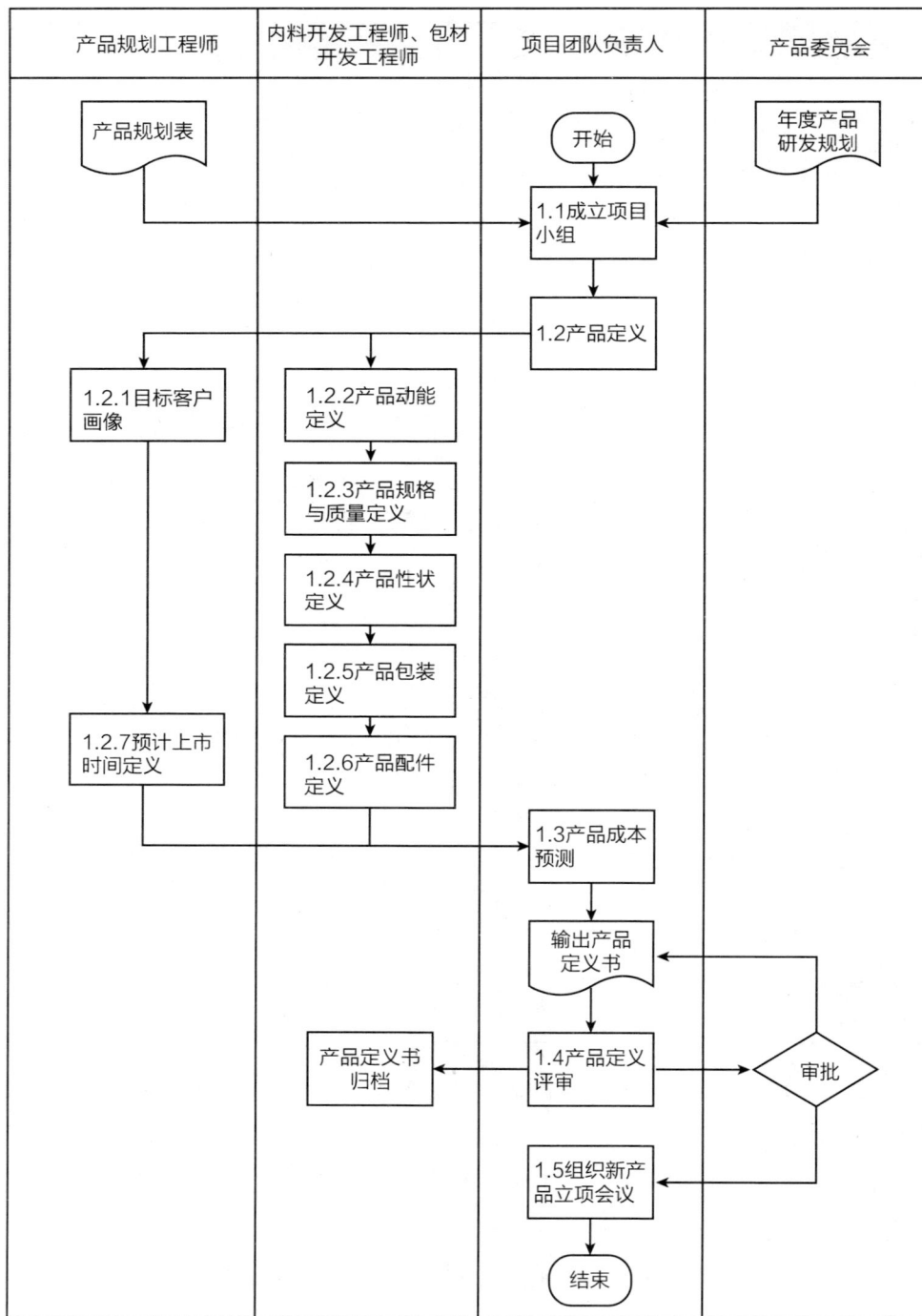

图4-5 深圳信睿生物科技新产品立项流程

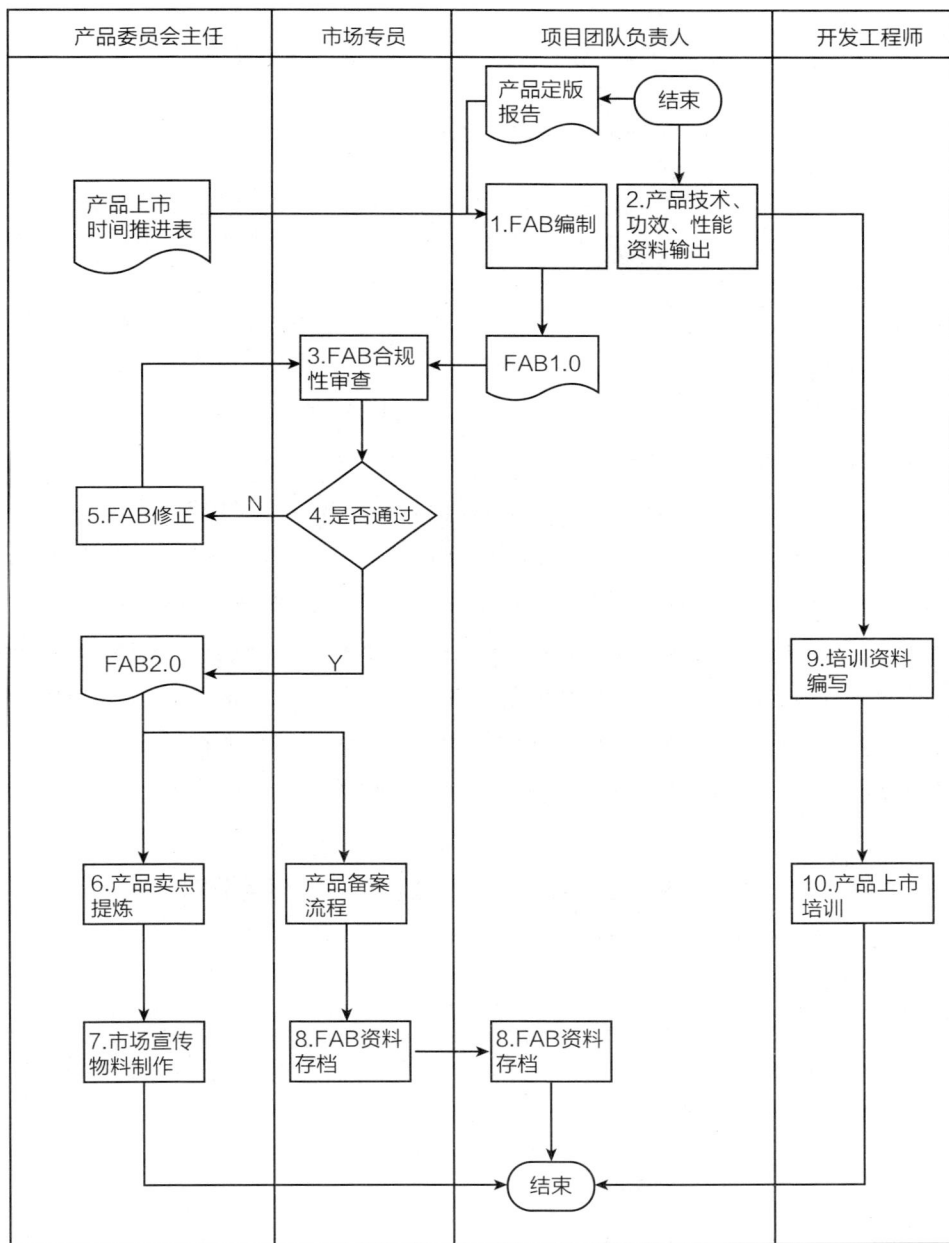

图4-6 深圳信睿生物科技新产品上市流程

同样的做法，深圳信睿生物科技还可以将新产品内料开发流程、新产品包装开发流程、新产品试用流程、新产品试产流程、新产品量产流程、新产品备案流程、新产品生命周期管理流程等全部用流程图表达出来。

四、团队组织与分工

团队任务明确了团队需要做哪些事情，团队协作解决了团队成员如何通过高效协同完成这些事情，团队组织与分工就是要根据流程角色再次明确由谁来做以及达到什么标准的问题。

管理学家法约尔提出了管理五项职能，即计划、组织、指挥、协调和控制，团队负责人可以按照这五大职能对团队任务进行分解；也可以按照 PDCA（计划、执行、检查、处理）进行团队任务分解；还可以按照组织、计划、执行、协助配合、审核/审批、分析改进等六个维度进行分解。根据我们的经验，团队分工最有效的方法就是借助团队核心工作流程中的角色分工进行任务分解。

请注意，团队中的人不仅是在各种社会关系下共事，他们在一起是为了完成一项工作。这与他们要扮演的角色种类有关。工作角色可以定义为个人在团队内要完成的任务或担负的责任。个人在团队中的角色表明了个人在工作关系中要作出的贡献，他们是工作投入的一部分。工作角色强调的是工作要求。

【案例4-4】深圳信睿生物科技新产品开发团队核心任务分解

接【案例4-3】，我们对该企业新产品开发团队的各项核心任务进行分解，具体见表4-3：

表4-3 深圳信睿生物科技新产品开发团队核心任务分解表

任务阶段	任务清单	产品规划工程师	市场专员	产品备案专员	生产车间专员	生产计划员	品质工程师	工艺工程师	新产品试用工程师	采购专员	包材测试工程师	内料测试工程师	包材开发工程师	内料开发工程师	项目团队负责人	产品委员会主任
1. 新产品立项及开发	1.1 成立项目小组	○													●	
	1.2 产品定义	○													●	
	1.3 产品成本预测	○											○	○	●	
	1.4 产品定义评审	○													●	○
	1.5 新产品立项	○													●	○
	1.6 新产品开发计划														●	
	1.7 新产品内料开发											○	○	●	○	
	1.8 包材开发										○		●	○	○	
2. 新产品测试及试用	2.1 内料测试						○					●		○		
	2.2 包材测试						○				●		○			
	2.3 产品试用								●	○	○	○				
3. 新产品量产准备及量产	3.1 物料编码							●		○						
	3.2 输出物料清单						○	●		○						
	3.3 品质控制标准						●	○								
	3.4 工艺文件						○	●								
	3.5 工厂试产	○			●	○	○	○	○	○					●	
	3.6 试产总结	○			○	○	○	○							●	
	3.7 产品定版	○			○										●	
	3.8 量产移交	○			○	○	○	○							●	
4. 新产品上市管理	4.1 产品备案	○		●											○	
	4.2 产品命名	○	●												○	
	4.3 产品辅导	○				○	○		○	○			●	●	○	
	4.4 量产上市准备	○	○		○	○									○	
	4.5 市场推广准备	○	○												○	
5. 新产品生命周期管理	5.1 产品升级	○											○	○	●	○
	5.2 产品迭代	○											○	○	●	○
	5.3 产品退市	○											○	○	●	○

注："●"代表主要负责任角色；"○"代表辅助角色。

第五章

团队成员选拔

迈克·布伦特、菲奥娜·爱尔莎·丹特通过对不同优秀团队的研究，为我们列出了优秀团队成员的主要品格（图5-1），具体内容如下：

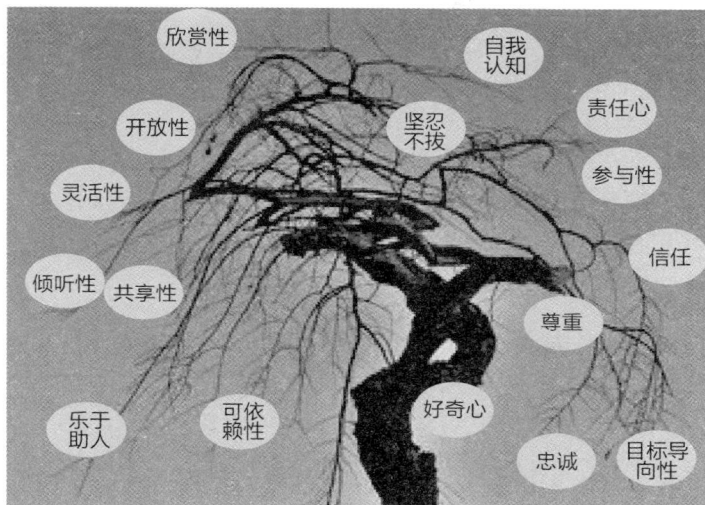

图5-1　迈克·布伦特、菲奥娜·爱尔莎·丹特优秀团队成员的主要品格

1. 乐于助人

展示善意与关心，并鼓励其他团队成员。在团队成员有困难或者需要帮助的时候，总是第一时间站在他们身边，伸出援助之手。

2. 可依赖性

展示自己将任务完成的可靠性与持之以恒的决心，让团队成员认为其是一个值得信赖的人。

3. 共享性

乐于分享专业知识、工作经验和思想，与团队成员互相交流，相互学习，共同提高。

4. 倾听性

善于倾听和虚心接受团队成员提出的意见、建议，同时积极表达自己对他人的理解和关心。

5. 灵活性

考虑团队成员的需求，及时了解不断变化的环境，愿意根据他人需求和环境变化及时做出相应调整和改变，同时善于站在对方的立场思考问题，愿意为团队整体目标做出让步，甚至牺牲个人利益。

6. 开放性

积极友善，心胸开阔，愿意考虑他人的想法、观点和做法，甚至质疑。

7. 欣赏性

表现出对每个团队成员个体差异的尊重和宽容，愿意用欣赏的眼光看待周边伙伴及其工作成绩。

8. 坚忍不拔

可以有效应对挫折，奉行"不达目标誓不罢休""把目标刻在岩石上""山不过来，我就过去"的工作理念，愿意为团队整体目标达成全力以赴。

9. 自我认知

对自己评价准确，对自己的成绩和优点不夸大，也对自己的短板和缺点不掩饰，实事求是。

10. 责任心

能够认识到自己应承担的责任和要求，清楚自己所承担的工作对团队的价值和意义，忠于本角色所承担的工作，对本角色所承担的工作全力以赴、尽心尽责，主动、自觉追求团队目标的实现，乐于接受额外的工作任务。

11. 参与性

绝不袖手旁观，是一个积极的团队参与者，努力为团队作出贡献，并与其他团队成员一起朝着共同的目标努力。

12. 信任

个人拥有良好的信誉，并通过自己的工作业绩和对团队的贡献得到他人的信任。

13. 尊重

在倾听其他团队成员讲话时，表现得饶有兴致，同时懂得尊重他人，不诋毁他人，不乱传小道消息。

14. 好奇心

对任何新事物、新知识、新方法都表现出浓厚的好奇心和学习欲望。

15. 忠诚

对团队忠诚，言必行，行必果。不会做出任何有损团队整体利益的事情，更不会轻易背叛团队。

16. 目标导向性

对团队目标有清晰的认知和理解，并会为团队目标的达成发挥好模范带头作用，即便没有人监督，也会兢兢业业。

当然，不同的团队由于其需要完成的工作任务不同，团队运作模式也会存在差异。因此，我们的做法是：首先，团队负责人要根据自己团队的业务特征建立不同角色的任职资格，然后根据任职资格进行团队成员甄选与招聘。当然，在团队成员使用过程中进行异动管理也是必需的，比如说横向轮岗、纵向晋升，甚至淘汰。

一、选好成员，成功一半

美国通用电气公司前总裁杰克·韦尔奇有"经理人中的经理人"之称，是20世纪最伟大的首席执行官之一。他在业界之所以重要，是因为他"生产"人才。"韦尔奇原则"是他一生用人、培养人实践的总结。在最近一次全球前500名经理人员大会上，杰克·韦尔奇透露他成功的重要秘诀时说：通用电气成功的最重要原因是用人。他为通用电气做的最后一件重要工作，就是在退休前选定了自己的继承人伊梅尔特。

与很多首席执行官不同，杰克·韦尔奇把50%以上的工作时间花在人事上，他自认为最大的成就是关心和培养人才。他至少能叫出1000名通用电气高级管理人员（通用电气的员工约有17万人）的名字，知道他们的职责，知道他们在做什么。韦尔奇曾说："我们所能做的是把赌注押在我们所选择的人身上。因此，我的全部工作就是选择适当的人。"

韦尔奇给公司领导者传授的用人秘诀是他自创的"活力曲线"：一个组织中，必有20%的人是最好的，70%的人是中间状态的，10%的人是最差的。这是一个动态的曲线。一个合格的领导者必须随时掌握那20%和10%的人的姓名和职位，以便做出准确的奖惩。上述观点都包含在"韦尔奇原则"之中，对我们有巨大的参考价值。

杰克·韦尔奇的成功对每一位团队负责人都有极大的启发和借鉴意义，选好人、用好人是团队负责人的第一责任。

二、明确团队任职资格

团队内部有不同的角色分工，就如【案例4-4】中深圳信睿生物科技新产品开发团队由产品委员会、团队负责人、开发工程师、测试工程师等构成一样，不同角色的任职标准是不同的，最好的办法就是建立不同角色任职资格标准，并按照任职资格进行团队成员甄选与招聘。

1. 建立团队胜任力模型

胜任力模型可以理解为能够完全胜任某种工作需要的全部条件，这些条件包括知识结构、工作经验、工作能力、职业素养、成就动机、价值理念、自我认知、性格特征、智商、情商、逆商等。

胜任力模型是在美国心理学家戴维·C.麦克利兰提出的"冰山素质模型"基础上演变而来的。麦克利兰的"冰山素质模型"（图5-2）认为，要想使一名员工产生好的工作业绩，冰山露出水面的部分包括知识、技能，是容易测量和评价的，企业可以通过教育和训练来改变和提升；而冰山隐藏在水面以下的部分，包括社会角色、自我意识、个性特征以及动机，则是内在的、难以测量的，这些因素不容易受到外界因素的影响和干扰，但又对一个人的行为及工作业绩影响巨大。

图5-2　麦克利兰胜任力素质模型（示意）

后来，经过长时间的实践与完善，"冰山素质模型"也在不断演化。美国管理专家安托尼特·D.露西亚、理查兹·莱普辛格在《胜任：员工胜任力模型应用手册》一书中提出了"胜任力金字塔模型"（图5-3）：

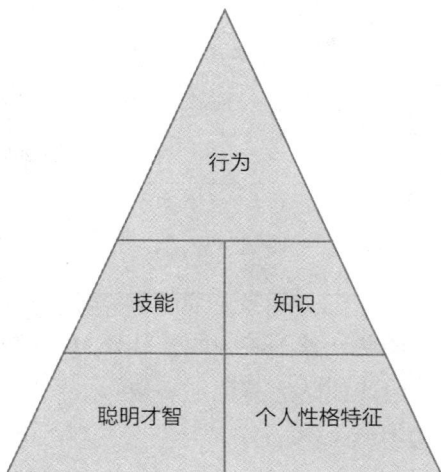

图5-3　安托尼特·D.露西亚、理查兹·莱普辛格胜任力金字塔模型

安托尼特·D.露西亚、理查兹·莱普辛格认为，胜任力模型应该包括天生的能力和后天获得的能力。这种胜任力模型基本上形成了一个金字塔，这个金字塔以聪明才智、个人性格特征为基础，中间是通过后天学习、努力以及亲身体验所得到的各种技能与知识，而位于金字塔顶端的则是一些具体的行为表现，它们是前面提到所有内在以及经后天培养所获能力的外在体现。

无论是基于戴维·C.麦克利兰的"冰山素质模型"，还是安托尼特·D.露西亚、理查兹·莱普辛格的"胜任力金字塔模型"，团队都需要建立适合团队实际的胜任力模型。表5-1是团队胜任力模型构成。

表5-1　团队胜任力模型构成

胜任力维度		解释	典型项目举例
能力要素	核心能力	是指团队内部一系列互补的技能组合，可以有效帮助团队完成任务	业务规划、培养指导、组织协调、创新能力等
	基本能力	是满足团队不同角色日常工作必须具备的一些基础能力	解决问题能力、书面表达能力、口头表达能力、沟通能力、学习能力、人际处理能力

续表

胜任力维度		解释	典型项目举例
素养要素	核心素养	来源于团队愿景、使命与价值观，是团队特有的对成员的要求	目标导向、结果导向、服务意识、团队意识、忠诚、自我认知等
	基本素养	是指团队角色为了履行本职工作必须具备的一些基本思维倾向、状态和习惯	乐于助人、可信赖、责任心、灵活性、尊重等
知识要素	基本知识	是团队成员每个人都必须掌握的基础知识	团队文化、工作流程、规章制度等
	专业知识	是指团队成员为了完成本职工作所必须掌握的专业知识，专业知识来源于团队核心任务	项目管理知识、软件知识、硬件知识、人力资源知识、财务管理知识等

需要说明的是，每个团队任务不同，团队胜任力模型的具体构成项目也是不同的，需要团队负责人在组建团队之前识别清楚。

2. 建立不同角色任职资格

任职资格一般由基本任职资格、工作要素、能力、素养、知识及其他参考项目构成，如图 5-4 所示。其中，基本任职资格包括学历、专业、工作经验、行业经验、岗位经验等对任职者的基本要求；工作要素是任职者为了有效履行岗位职责而必须付诸实践的工作项目及标准；知识、能力和素养是任职者必须掌握和具备的相关胜任力要素；另外，对于某些特殊的岗位，在建立任职资格的时候，需要识别和建立特殊要求项目，如性格体征、个人品德、绩效状况等。

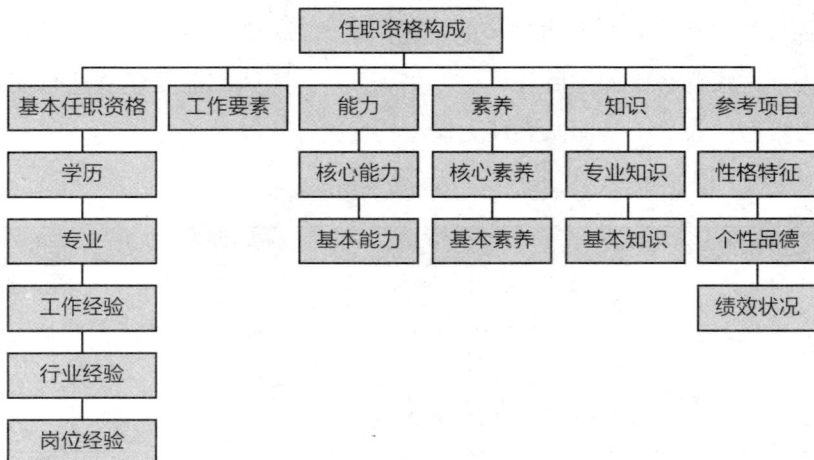

图5-4　基于胜任力的任职资格基本构成

团队任职资格体系设计包括梳理团队角色体系、规划任职资格通道、建立任职资格标准三个步骤：

（1）梳理团队角色体系。团队角色梳理大家可以参照本书第四章相关内容，但在设计任职资格的时候，团队负责人需要将角色按照专业的相近性原则进行分类，如研发技术类、品质技术类、工艺技术类、项目管理类等。

（2）规划任职资格通道。任职资格通道规划是根据团队不同角色的特点，确定每个角色的发展级别（又称职级）。一般情况下，技术／专业角色都可以分为初做者、有经验者、骨干、专家和资深专家 5 个职级；但由于管理角色的特殊性，团队管理角色一般会分为 3 个职级，即监督者、管理者、领导者，如图 5-5 所示。

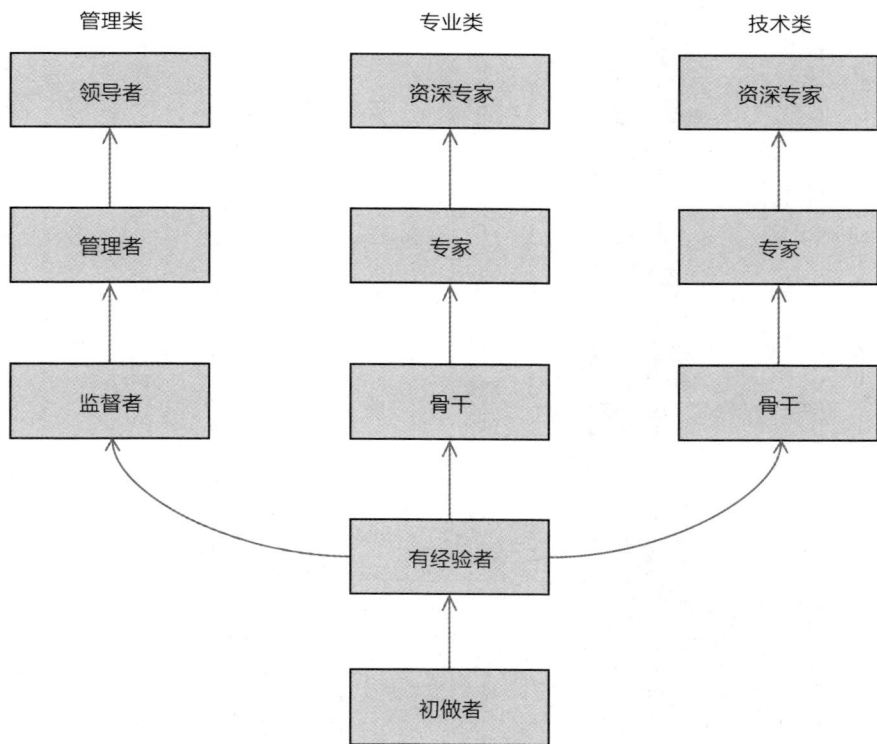

图5-5　任职资格通道（示意）

（3）建立任职资格标准。任职资格标准是根据团队不同角色特点，对履行本角色职责所需要的基本任职资格、工作要素、能力、素养、知识及其他参考项目等要素的系统说明。

【案例5-1】深圳信睿生物科技新产品开发团队不同角色任职资格矩阵（表5-2）

表5-2 深圳信睿生物科技新产品开发团队不同角色任职资格矩阵

任职资格一级维度	任职资格二级维度	任职资格三级维度	产品规划工程师	市场专员	产品备案专员	生产车间	生产计划员	品质工程师	工艺工程师	新产品试用工程师	采购专员	包材测试工程师	内料测试工程师	包材开发工程师	内料开发工程师	项目团队负责人	产品委员会主任
基本任职资格	学历		本科	本科	……	……	……	……	……	……	……	……	……	……	……	……	……
	专业		市场营销	市场营销	……	……	……	……	……	……	……	……	……	……	……	……	……
	工作经验		3~5年	2~3年	……												……	……
	行业经验		5~8年	3~5年	……												……	……
	岗位经验		5~8年	3~5年	……												……	……
工作要素	1. 新产品立项及开发	1.1成立项目小组														●	
		1.2产品定义	○													●	
		1.3产品成本预测	○													●	
		1.4产品定义评审	○													●	
		1.5新产品立项	○													●	
		1.6新产品开发计划														●	
		1.7新产品内料开发							○	○	○		○	○	●	○	○
		1.8包材开发							○		○	○		●	○	○	○
……		……	……	……	……	……	……	……	……	……	……	……	……	……	……	……	……

续表

任职资格一级维度	任职资格二级维度	任职资格三级维度	产品规划工程师	市场专员	产品备案专员	生产车间专员	生产计划员	品质工程师	工艺工程师	新产品试用工程师	采购专员	包材测试工程师	内料测试工程师	包材开发工程师	内料开发工程师	项目团队负责人	产品委员会主任
能力	核心能力	组织协调能力	√			√	√	√	√		√	√	√			√	√
		创新能力	√	√	√	√	√	√	√	√	√	√	√	√	√	√	√
		……	……	……	……	……	……	……	……	……	……	……	……	……	……	……	……
	基本能力	执行能力	√	√	√	√	√	√	√	√	√	√	√	√	√	√	√
		沟通能力	√	√	√	√	√	√	√	√	√	√	√	√	√	√	√
		……	……	……	……	……	……	……	……	……	……	……	……	……	……	……	……
素养	核心素养	目标导向	√	√	√	√	√	√	√	√	√	√	√	√	√	√	√
		团队意识	√	√	√	√	√	√	√	√	√	√	√	√	√	√	√
		……	……	……	……	……	……	……	……	……	……	……	……	……	……	……	……
	基本素养	可信赖	√	√	√	√	√	√	√	√	√	√	√	√	√	√	√
		责任心	√	√	√	√	√	√	√	√	√	√	√	√	√	√	√
		……	……	……	……	……	……	……	……	……	……	……	……	……	……	……	……
知识	基本知识	团队文化	√	√	√	√	√	√	√	√	√	√	√	√	√	√	√
		工作流程	√	√	√	√	√	√	√	√	√	√	√	√	√	√	√
		……	……	……	……	……	……	……	……	……	……	……	……	……	……	……	……
	专业知识	项目管理知识														√	
		生物工程知识						√	√	√			√		√		
		……															
参考项目		性格特征	……	……	……	……	……	……	……	……	……	……	……	……	……	……	……
		个性品德	……	……	……	……	……	……	……	……	……	……	……	……	……	……	……
		绩效状况	……	……	……	……	……	……	……	……	……	……	……	……	……	……	……

注："○"代表辅助角色，"●"代表主要责任角色，"√"代表该角色需要的相应任职资格。

三、团队成员甄选与招聘

斯玛特、斯特里特在《聘谁：用 A 级招聘法找到最合适的人》一书中提到：招聘到正确的人比正确地做事更重要；制定高标准，找到 A 级选手。除非你不想做好，否则永远不要让 B 级、C 级选手充斥到团队之中；能否聘对人决定你事业的成败。请来 C 级选手，就会永失竞争力；请来 B 级选手，你做得也许还行，但永远别想突破；请来 A 级选手，不论追求什么，都会获得成功；什么是 A 级选手？他有至少 90% 的希望实现排名在前 10% 的选手能够实现的成果。

在本人的拙作《把自己打造成团队不可或缺的 A 级选手》中，我对 A 级选手又重新做了定义。我认为 A 级选手需要具备 3 个条件：快乐地做必须做的事情；必须做的每一件事情都需要做到 120 分的标准；常年累月坚持这种做法。

可见，招到 A 级选手是团队成功的关键。前文已经详细阐述了不同角色的任职资格标准，我们的做法是团队需要严格按照任职资格标准进行成员的甄选与招聘。

1. 识别招聘需求

到底需要招聘多少人，是由团队的任务量决定的，也与团队任务完成的周期有关。团队负责人需要在工作饱和度分析的基础上，确定团队人员数量、成员进入与退出的时间节点，以便确定招聘需求及招聘计划。

2. 规划招聘渠道

如果是企业内部团队，团队成员招聘大部分都会来自企业内部；如果是企业外部团队，则团队成员大部分会来自企业外部。常见的团队成员招聘渠道有内部推荐、熟人介绍、猎头、人才市场、网络招聘等。需要注意的是，限于团队工作性质，团队成员的试用期往往比较短，而彼此熟悉的人会更容易融入团队，所以内部推荐、熟人介绍是比较理想的招聘渠道。

3. 绘制招聘计分卡

招聘需求与招聘渠道确定后，在正式实施招聘之前，团队负责人还需要结合每个角色的职责及任职资格绘制招聘计分卡。招聘计分卡一共由四个部分构成（图 5-6）：

（1）角色使命。在招聘计分卡中需要明确招聘角色使命是什么。

（2）角色工作成果描述。清晰地描述招聘角色3~5项主要工作成果，工作成果的描述需要量化。

（3）岗位胜任力。根据角色任职资格要求，对该角色需要具备的能力和素养进行描述。

（4）文化适应性。越是有能力的人，对团队文化的敏感性可能会越强。因此，要根据每个角色的任职要求，结合团队文化识别招聘角色必须考察的文化适应性项目。

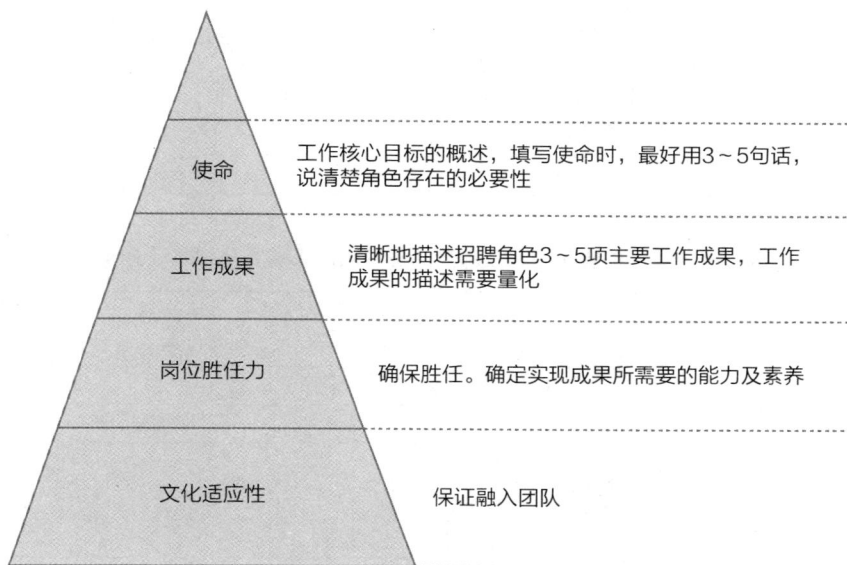

图5-6　招聘计分卡（示意）

【案例5-2】深圳信睿生物科技新产品开发团队内料开发工程师、采购专员招聘计分卡（表5-3、表5-4）

表5-3　深圳信睿生物科技新产品开发团队内料开发工程师招聘计分卡

角色使命	（1）通过新技术、新工艺、新材料研究，提升产品技术含量 （2）优化研发流程，提高研发效率，缩短研发周期	
关键工作成果及评价记录		
工作成果描述		评价及结论
（1）在2月5日前协助团队负责人完成《产品定义书》		

续表

（2）在2月20日前输出《新产品内料开发流程》		
（3）在3月15日前输出《新材料应用研究报告》		
（4）在5月1日前完成××新产品内料研发，并输出打样稿		

任职资格及评价结果		
任职条件	定义	评价及结论
高效	以最小的投入获取最大的收益	
创新	善于利用新技术、新工艺、新材料	
进取	行动迅捷，姿态强势	
可依赖	工作踏实、认真，是团队可依赖的忠实伙伴	
兑现承诺	坚守任何口头和书面的承诺	
善于分析	对各种资料进行深度分析，提出建设性结论	
专注细节	不忽略任何工作中的细节	
积极主动	不需要交代就能够去做，并给团队贡献新想法	

文化适应性		
认同团队使命、愿景及核心价值观		

表5-4　深圳信睿生物科技新产品开发团队采购专员招聘计分卡

角色使命	（1）收集新材料、新技术，开发优质供应商资源 （2）按项目进度及采购需要保质、保量完成物料采购	
关键工作成果及评价记录		
工作成果描述		评价及结论
（1）在1月31日前完成2家内料供应商开发		
（2）在2月5日前协助团队负责人完成《产品定义书》		

任职资格及评价结果		
任职条件	定义	评价及结论
高效	以最小的投入获取最大的收益	
诚实	保守秘密，不投机取巧，坦诚沟通，可信	
创新	善于利用新技术、新工艺、新材料	
可依赖	工作踏实、认真，是团队可依赖的忠实伙伴	
兑现承诺	坚守任何口头和书面的承诺	
专注细节	不忽略任何工作中的细节	
谈判能力	熟练运用谈判技巧，确保团队利益最大化	
积极主动	不需要交代就能够去做，并给团队贡献新想法	

文化适应性		
认同团队使命、愿景及核心价值观		

4. 组织招聘面试

通常情况下，面试有四个环节，即筛选面试、升级面试、专项面试和背景调查。筛选面试的目的是剔除不合格者，升级面试的目的是选准拟录用人才，专项面试是让用人部门对拟录用者进行评价，背景调查是确定信息的真伪，提供最终决策依据。

在面试评价过程中，面试考官经常陷入一些评价的误区当中，如果不能及时消除，很可能会造成评价失真。常见的面试误区有像我效应、晕轮效应、相比错误、首因和近因错误、盲点效应、刻板效应、联想效应、倾听错误等。

四、团队成员试用管理

前面已经提到，团队成员的试用期往往比较短，比如有些团队从成立到解散可能也就几个月的时间，这就需要团队负责人建立比较科学的成员试用评价体系。通常的做法是严格按照任职资格进行全面评价，评价周期可能是周、双周或者月。

团队成员试用评价的依据是不同角色任职资格矩阵，评价方法有 360 度、180 度、考试法、工作业绩评估法等。具体采用哪种方法需要团队负责人根据团队特征因地制宜。

第六章

团队成员训练

团队成员训练不同于传统的企业培训，由于有些团队存续时间很短，这就要求团队成员训练更注重价值认同、实战演练和共同学习。在阐述如何进行团队成员训练之前，我们先看一个老鹰训练小鹰的故事。

在陡峭悬崖上的鹰巢中，两只刚刚破壳而出的小鹰在老鹰的呵护下茁壮成长。

时间过得很快，转眼就到了小鹰该学习飞行的时候了。

一个晴朗的早晨，喂完小鹰们食物之后，老鹰将两只小鹰带到巢边并告诉它们："从今天开始你们要学习飞翔并独自获取猎物了。"当两只小鹰低头往下看的时候，只见高高的悬崖深不见底它们害怕极了，两条腿不停地打着哆嗦。

老鹰看出了它们的恐惧，它先给小鹰们讲了为什么要练习飞行以及飞行过程中的要点，然后就腾空而起，展开自己的翅膀，自由自在地在空中翱翔，然后又慢慢地落到鹰巢边。看到老鹰优美的飞翔姿势，小鹰们非常羡慕，但还是担心自己如果飞不起来就会跌入万丈深渊。

这时候，老鹰突然用它强有力的爪子把一只小鹰抓了起来，并飞向天空。小鹰虽然被老鹰抓着，刚开始的时候依然觉得非常恐惧。但当它看到老鹰自由自在翱翔的时候，忽然有了自己飞行的冲动。突然，老鹰把它的爪子放了开来，小鹰便开始迅速地往下坠落，它紧张地拼命地扇动自己的翅膀，但毕竟从来没有飞过，不论怎么努力还是不停地下坠。当它闭上眼睛等待着被摔得粉身碎骨的时候，居然发现自己轻轻地落在了老鹰的背上。

老鹰带着小鹰回到了巢中，这只小鹰向另外一只讲起了刚才的经历。虽然自己没有完全飞起来，但毕竟也有了第一次，它还鼓励另外一只小鹰也去尝试一下。就这样，老鹰又带着另外一只小鹰飞了一次。

两只小鹰都体验了第一次飞行之后，老鹰对它们说：在飞行的时候，首先不要害怕，因为飞翔是老鹰的本能，而且在飞行的过程中要迎着风、有节奏地扇动翅膀。

就这样，两只小鹰在老鹰的指导下，不到两周时间就学会了飞行。

请大家注意，在老鹰训练小鹰的过程中，始终遵循"说给他听——做给他看——让他去做——给予指导——让他独立去做"这样的训练流程，小鹰也在很短时间内就掌握了飞行的技巧。这给团队成员的训练提供了一个非常好的启示，团队负责人可以按照这种思路进行团队成员训练。

一、团队训练的必要性

团队是由一群共同协作完成任务的人组成的，在这个过程中每个角色分工明确，各负其责，任何一个角色的低效率或低质量，都会影响团队整体工作业绩达成。虽然在团队成员招聘时已经对每个成员都进行了面试和评价，但真正把大家组合在一起工作的时候又会产生这样或那样的异常情况，比如说：

（1）缺乏共同愿景。团队关系的维系依靠的是团队成员的共同意愿。如果在组建团队的时候，团队成员带着自己的意愿和想法进入小组，一旦他的意愿无法得到实现，他可能会偏离团队目标去做与团队任务无关的事情，从而影响整个团队士气，削弱团队凝聚力，降低团队运作效率。

（2）没有认同感。团队的认同感存在于两个层面：一是团队成员对团队的认同感；二是团队成员之间的认同感。对团队没有认同感就会造成团队成员觉得自己是局外人，对团队的归属感大打折扣；对其他团队成员不认同，就会造成团队成员之间的工作沟通不畅、协调困难，进而影响团队整体工作效率。

（3）低质量工作。某个或某几个成员工作能力不足，会拉低团队整体技能水平，进而影响总体工作质量。

（4）生产力障碍。生产力是产生有效工作成果的能力。如果团队成员之间不能有效协同，很有可能导致生产力下降。

（5）低效率沟通。缺乏共同的意愿和认同感会产生沟通不畅的情况，沟通方法不对也会导致沟通不畅。当一些接口性问题调节不及时或得不到调节的时候，就说明沟通不畅。

（6）团队成长缓慢。在团队中，个体能力的快速成长并不会对团队整体业绩提升起到决定性作用。因此，团队负责人一定要通过鼓励团队学习、建立共同心智模式等方法改变团队成长缓慢的问题。

以上种种问题的产生，都会影响团队总体工作业绩。其中，缺乏共同愿景、没有认同感需要通过团队文化培植来解决，而低质量工作、生产力障碍则需要通过专业知识培训、专业技能训练来解决，低效率沟通、团队成长缓慢则需要通过推进团队学习来解决。

在团队成员训练中，团队文化培植确保让每个成员成为"团队自己的人"，专业知识培训让每个成员"说团队自己的话"，专业技能训练确保让每个成员"做团队自己的事"，共同学习则确保"自己人、一起说、一起做"。图 6-1 所示的是团队成员训练方法。

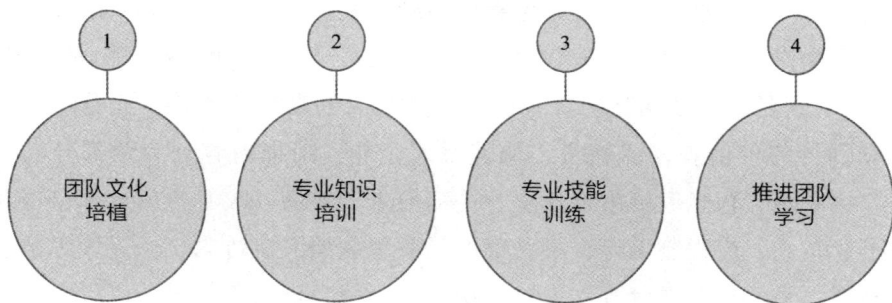

图6-1 团队成员训练方法

二、团队文化培植

团队成员往往都是成年人，成年人教育的最大难点就是改变他已经成形的价值理念。1978 年诺贝尔经济学奖获得者赫伯特·西蒙在《管理行为》一书中提到：企业管理中的核心问题就是统一所有人的价值观。他认为，一个企业最关键的任务，就是团结所有人做出有效的决策。当然，一个团队更是如此。

就团队文化培植而言，华为、联想、中国平安、招商银行都是这方面的佼佼者。

华为：大队训练营。任正非曾经说过：建立共同愿景是华为团队建设的核心要素。华为通过明确公司愿景、使命和目标追求来凝聚十几万员工，激励员工持续艰苦奋斗。我们可以看到从《华为基本法》《华为的冬天》《下一个倒下的会不会是华为》，到任正非的每一次内部讲话，都是围绕强调愿景、强调价值观、强调凝聚人心展开的。可以说，任正非就是华为文化"教父"。在华为，新员工培训大致分为大队训练营、岗前培训和上岗培训三个部分。其中，大队训练营主要是给新员工宣讲华为企业文化，让他们对华为企业文化的精髓有一个全面、系统的理解和感受。在华为看来，员工只有从内心深处认同了华为的企业文化，才能把工作做到极致，才能真正为华为创造价值。因为有了共同的价值观，沟通起来才会畅顺，共事起来才会高效。

联想：入模子。联想在员工培训方面有一个非常有名的做法——入模子。员工具有不同的企业背景，受教育程度不同，职业发展路径不同，因此，联想提出：不论你来自哪里，进入联想必须先"入模子"，这个"模子"是联想的。"入模子"顾名思义就是让新员工通过为期数天的高强度训练，充分认识联想文化和倡导的价值观，让新员工快速融入企业。培训内容分为两部分：一部分是介绍联想，包括联想发展历史、公司愿景、使命、核心价值理念、奋斗目标、事业布局、流程制度等，最关键的是联想创始人柳传志、杨元庆等元老会亲自授课；另一部分是管理和专业知识，这会因参训对象而异。可以说，一名新员工参加完"入模子"训练后，就成了一名真正的"联想人"。

回到团队文化培植，不外乎以下四部分内容：团队使命、团队愿景、团队核心价值观、团队行为规范，如图6-2所示。其中：

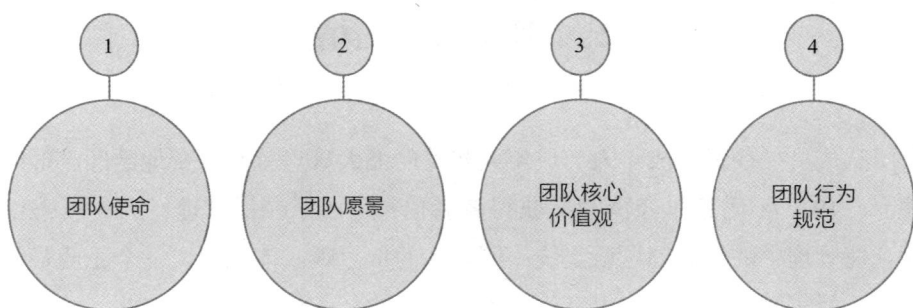

图6-2　团队文化培植核心

1. 团队使命

使命解决的是团队"为什么"的问题，也就是团队存在的核心价值，这种价值在很大程度上是由团队的核心任务决定的。比如，某款新产品研发团队，它的使命就是在规定的时间内完成新产品研发工作；公司经营委员会的使命就是明确经营方向及目标，及时监督战略及经营计划实施状况，确保战略及经营目标顺利实现。不同团队，使命是不同的，这就要求团队负责人充分说明这一点，并在团队成员甄选和招聘的时候就确保让认同使命的成员进来，不认同使命的人要么通过教育使其改变，要么就干脆不让他进入团队。

2. 团队愿景

愿景解决的是团队"是什么"的问题，是根据使命而需要努力的方向。微观一点讲就是团队的目标，宏观上来说是团队希望做到的宏伟蓝图。某款新产品研发团队的愿景可能是研发出世界级的新产品，公司经营委员会的愿景可能是让企业经营业绩达到行业领先水平。总之，愿景是建立在使命上的，如果没有使命，愿景就像是空中楼阁。所以我们在形容使命、愿景和价值观三者关系时，我们更喜欢表述为使命是根基，价值观是支撑，而被支撑的就是愿景。所以只有根基够稳、支撑得力，愿景才有可能实现。

3. 团队核心价值观

核心价值观解决的是"怎么做"的问题。价值观讲得直白一点就是行为规范，高效的团队一定需要每个团队成员都有一致的价值观，并用一致的价值观规范团队成员行为，为一个共同的愿景努力。不同的团队其价值观会有很大的差异，如研发团队追求创新、严谨；营销团队追求进取心、客户导向；经营委员会追求风险意识、结果导向、战略眼光等。

关于团队文化培植，可以通过课堂说教的形式进行，也可以通过实际工作中榜样的引导，但最有效的方法就是团队负责人带领团队成员通过愿景工作坊的形式共同头脑风暴，最终形成大家一致认同的团队文化。关于这一点，本书后续章节会另有阐述。

4. 团队行为规范

团队文化最终一定要落实到团队成员的行为规范当中，因为只有具体的行为规范才能可观察、易于管理。

三、专业知识培训

团队的工作任务及任务清单是需要相关专业知识做基础的，在建立团队任职资格的时候已经对团队需要的知识项目进行了识别和定义，团队专业知识培训就是根据不同角色任职资格要求组织专业知识学习，达到任职资格要求标准就可以了。

常见的专业知识培训有两种形式：其一，就是传统的课堂式培训，这种培训的好处是集中、好管理，但也有明显的不足——因为团队中不同角色的专业知识要求差异很大，每个专业可能只有1～2个人，所以课堂式培训会比较费精力，也难组织；其二，就是将团队专业知识项目按专业编写知识读本，然后将这些知识读本做成电子书或印刷出来分发给团队成员，团队成员可以利用业余时间进行学习，这样的效果会更好一些。

至于专业知识培训师资准备、课程开发、培训考核等与企业人力资源部开展的其他知识类培训并无差异，在此不再赘述。

四、专业技能训练

与团队专业知识项目识别一样，专业技能项目也可以通过团队任职资格进行识别和定义。不同的是，专业知识容易测量，也容易培训，但专业技能的训练就比较难。一则团队每个角色要求的技能差异很大，二则在团队内部可能还找不出合适的讲师来辅导。

根据我们的实践，要解决这个问题最好的方法是在招聘和甄选团队成员的时候，就要做好对每个成员专业技能的评价和考核，最好选择已经具备相应技能的人员进入团队。如果确实有些团队成员尚未达到相应专业技能水平的，还有一个解决办法，那就是交由团队成员所在部门负责人进行辅导，这要远远优于由团队负责人组织培训。另外，采用团队学习的方式提升团队成员专业技能也是一种比较理想的方法。

五、推进团队学习

团队学习是指一个团队的集体性学习，这种学习方式便于团队成员之间互相学习、互相交流、互相启发、共同进步。团队学习是发展团队成员整体协同与实现共同目标的过程，对团队与个体来说是双赢的选择，也能实现双赢的结果。

团队学习有五个基本特点（图6-3）：

（1）目标一致。个人目标与团队目标一致是团队学习的基本条件。实际运作中个人目标是无法被否定和抹杀的，但个人目标如果能在最大限度上与团队目标保持一致，则会推进团队学习的进程；反之，团队学习的效果会大打折扣。

（2）知识共享。知识共享实质上是内部交易的过程。只有通过知识共享，才能互通有无、共同提高。如果没有知识共享，团队学习只能是一句空话。

（3）共同成长。团队学习可以促进个人成长。由于个体间差异的存在，每个人都有自身的比较优势。团队学习可以有效发挥队员个人的比较优势，以此实现团队内部的互助。同时，通过团队学习能使团队智慧融入个人理念中，以不断适应新形势下开展业务的需要。在团队学习中，可以免费分享别人的工作技巧和有效方法，更可以展示自己的理解和独特设想，接受别人的启发和灵感。

（4）提升凝聚力。团队学习的过程其实就是团队成员之间加深认识的过程，这样有助于提升团队整体凝聚力。

（5）提升竞争力。团队学习有利于提高团队核心竞争力。团队核心竞争力不仅仅是个人核心竞争力的简单累加。为了促进团队核心竞争力矢量叠加，必须开展团队学习，提倡知识共享，营造崇尚互信和无缝配合的氛围。同时，通过团队学习，团队中人人都可以找到个人核心竞争力发展的支撑点。

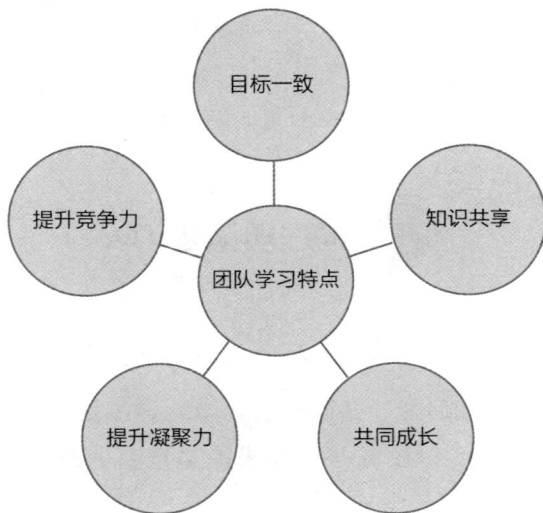

图6-3　团队学习特点

另外，团队学习可以从三个方面帮助团队成长：

（1）实现知识转移。知识转移是团队学习最直接的成果，是由团队成员通过分享各自的知识、经验从而在集体水平上使知识和技能发生相对持久的变化。这种知识转移既包括个体从直接经验中的学习，也包括个体从其他成员的经验中学习。

（2）规范团队行为。由于团队成员往往来自不同背景，行为习惯会千差万别。团队学习强调学习过程中团队成员就对团队绩效具有重要影响的行为进行互动交流，这种基于反思与行动之间相互交迭的过程，有助于团队发现问题、寻求反馈、及时交流、反复验证，最终形成团队整体的行为方式及标准。

（3）总结团队经验。团队学习的另一个重要价值就在于帮助团队沉淀工作经验，并形成规范的、用来指导其他成员工作的操作规程，减少其他人员试错的次数，缩短摸索周期，提升团队运作效率。

那么团队学习究竟该怎么做呢？彼得·圣吉在《第五项修炼》中给出了答案。他提出的学习型组织理论认为，企业持续发展的源泉是提高企业的整体竞争优势，提高整体竞争能力。未来，真正出色的企业是使全体员工全心投入并善于学习、持续学习的组织——学习型组织。通过营造学习型组织的工作氛围和企业文化，引领不断学习、不断进步、不断调整的新观念，从而使组织具有长盛不衰的生命力。

虽然彼得·圣吉是站在企业的角度来谈学习型组织建设的意义和价值，但对于一个团队而言，这种思想同样适用。

彼得·圣吉提出的学习型组织的五项修炼分别为（图6-4）：

（1）自我超越。自我超越是团队成员深刻了解自我的真正愿望，客观认清现实，并对客观现实做出正确的判断。通过学习型组织的不断学习，激发实现自己内心深处最想实现的愿望，并全身心投入工作、实现创造和超越。此项修炼兼容了东方和西方的精神传统，修炼时需要培养耐心、集中精力，对待学习如同对待自己的生命一般，全身心地投入学习型组织。自我超越是每个团队成员在潜意识中都想着要去做的事情。

（2）改善心智模式。心智模式是根深蒂固的，它影响我们了解这个世界的方式，以及采取行动的许多假设、对事物做出价值判断、沉积在自我心灵深处的印象等。心智模式影响行为表现，通常在刹那间决定什么可以做或不可以做时，就是心智模式在发挥作用。改善心智模式就要求团队成员把团队看成学习的场所，学习发掘内心世界的潜在能力，使这些能力浮出表面，并严加审视。改善心智模式是团队进一步升华的基础。

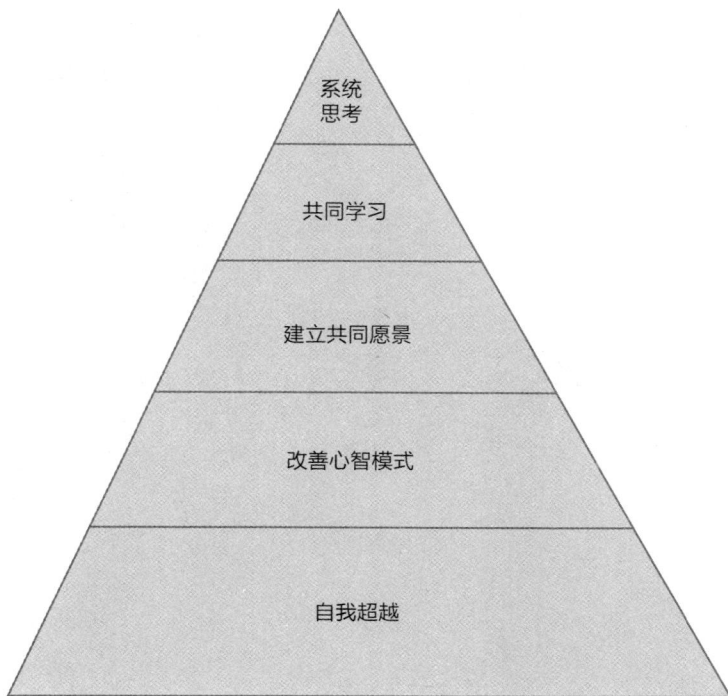

图6-4 彼得·圣吉的"五项修炼"

（3）建立共同愿景。共同愿景指的是团队中各个成员发自内心的共同目标。在团队中整合共同愿景，并激发衷心渴望实现目标的内在动力，将全体成员共有的目标、价值观与使命联系在一起，有利于团队成员主动而真诚地奉献和投入。

（4）共同学习。团体学习的修炼从深度会谈开始。深度会谈要求一个团队所有成员说出心中的假设，让想法自由交流，以发现远较个人深入的见解。通过创造性的方式察觉别人的智慧，并使其浮现，学习的速度便能大增。

（5）系统思考。系统思考是第五项修炼的最高境界，因为在团队中每个成员分别承担各自的职责，如果不能形成系统的思考模式就很难形成合力，也就很难达到 1+1>2 的结果。

根据多年实践，我们认为团队负责人有必要严格按照《第五项修炼》的方法论带领团队成员共同学习和提升，这对团队快速形成及提升团队整体运作效率、进而快速达成团队目标至关重要。

第七章 团队意识培养

前文提到，团队运作的核心在于团队精神的塑造。团队精神就是团队成员对团队感到满意与认同，自愿并主动为了团队的利益和目标相互协作、尽心尽力、努力奋斗的意愿和作风。如何才能达到这一点呢？我们先拿几个小案例来分析。

（1）蚂蚁搬奶酪。一只蚂蚁外出觅食，遇到了一块比自己重数十倍的奶酪。它尝试着拖动奶酪，但奶酪纹丝不动。蚂蚁想：看来单独依靠自己的力量是很难搬得动的，怎么办呢？这只蚂蚁拖来一片树叶盖在奶酪上面，做好隐藏工作之后快速地跑回蚁穴搬来"救兵"。在一大群蚂蚁的齐心协力之下，奶酪被搬回了蚁穴。

（2）蚂蚁过河。由于雨季河水暴涨，眼看蚁穴要被洪水淹没，情急之下蚁后下令全体成员集体渡河。在全体蚂蚁的簇拥下，蚁后被高高举起并亲自指挥渡河行动。而蚁群头尾相连，组成了一个阵势庞大的蚂蚁方队，爬上一片随波逐流的树叶顺利过了河。当然，在这个过程中也有部分蚂蚁被洪水冲走了，但大部队最终还是在对岸地势较高的地方新建蚁穴，繁衍生息。

（3）蚂蚁军团。有人说如果你在非洲大草原看到羚羊、斑马在奔跑，估计是狮子或者猎豹来了；如果你看到成群的羚羊、斑马和狮子、猎豹一群逃命，估计是象群发怒了；如果你看到成群的羚羊、斑马、狮子、猎豹和大象一起逃命，那一定是蚂蚁军团来了。蚂蚁军团所到之处都是动物的白骨，甚至寸草不生。

我们先分析以上三个案例：蚂蚁搬奶酪的案例告诉我们，蚁群是一个注重协同，而且有明确目标意识和成果意识的团队；蚂蚁过河的案例告诉我们，在团队目标确定的情况下，团队协同、相互支持、创新思维对于一个团队的成功至关重要，当然还需要有团队成员在目标实现的过程中作出贡献，甚至牺牲；蚂蚁军团的案例告诉我们，在自然界适者生存的法则面前，具有竞争意识、风险意识甚至危机意识对于一个团队而言是多么重要的一件事情。

因此，本书认为团队精神塑造的前提是要培养团队成员的七大意识，分别为目标意识、协同意识、服务意识、竞争意识、创新意识、成果意识和风险意识（图7-1）。

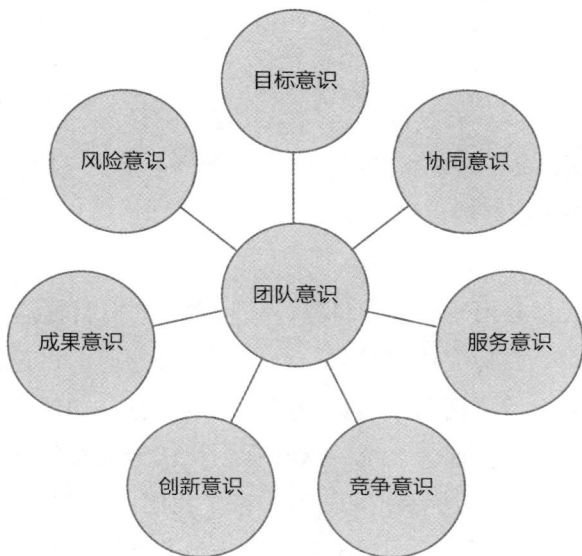

图7-1 团队意识

一、团队目标意识

管理大师彼得·德鲁克曾经说过：目标不是命令，而是一种责任或承诺。目标并不决定未来，只是一种调动企业资源和能量以创造未来的手段。

是的，目标犹如灯塔，为黑夜里航行的船只指明方向；目标是航标，引导船只避免触礁。清晰的目标可以让人产生工作的激情和动力，也会让人更具使命感和责任感，同时还会让组织愿意拿出更多的资源支持团队目标的达成。

目标意识的培养，要求团队每一位成员充分认识并做到：

1. 对目标有敬畏心

团队目标是团队任务的量化描述，组建团队的目的就是达成目标，所以团队成员一定要对目标有敬畏心，充分认识到自己肩上的使命，要有"把目标刻在岩石上"的决心，以及不达目标誓不罢休的恒心。

2. 对目标有责任心

按要求完成目标需要每个团队成员的高度责任心作保障，要求每个成员按时兑现自己的承诺，认清自己工作的重要性和工作失误会带来的严重后果。

3. 对目标有自信心

团队中的每个人应该有足够的自信完成自己的任务，而且不受外界因素影响。尤其是在团队任务出现异常的时候，更需要团队成员坚定信心，完成自己的既定目标，以帮助团队摆脱危机。

4. 目标到人

团队中每个人都必须有明确的目标，并且做到"以目标达成结果论英雄"，评价时要关注每个人目标完成的结果，当结果不理想时，再返回去逆向考核过程。要想目标到人，就要把团队目标变成大家的目标。如何把目标变成大家的目标？统一认知是关键。那怎么统一认知呢？我认为最有效的方法就是让团队成员充分、全面地参与到目标制定的过程中来。我把目标的制定过程总结成八个字："从下到上，从上到下"。即目标制定应该从团队基层开始收集意见，通过大家的讨论、总结和筛选形成统一的意见，交由团队负责人进行决策，然后再层层分解到每一个团队成员的过程。在这个过程中让团队成员参与并充分表达意见，这样目标的认同度就会大幅度提高，目标实现起来也相对比较容易。

5. 个人目标与团队目标相结合

团队成员必须有明确的自身发展目标，并将自己的发展目标和团队大目标有效结合起来。换句话讲，最理想的状态是个体目标之和等于团队目标。

6. 个人目标服从团队目标

当个人目标与团队目标产生冲突的时候，坚持个人目标服从团队目标，以团队目标为准。

7. 团队利益大于个人利益

出于团队成功的需要，要不惜暂时牺牲个人利益。团队中人人都要时刻为团队着想，自觉维护团队形象，自愿以团队纪律约束个人行为。摒弃个别人自以为是、艺高脾气倔、位高脾气大、居功自傲的作风，如图 7-2 所示。

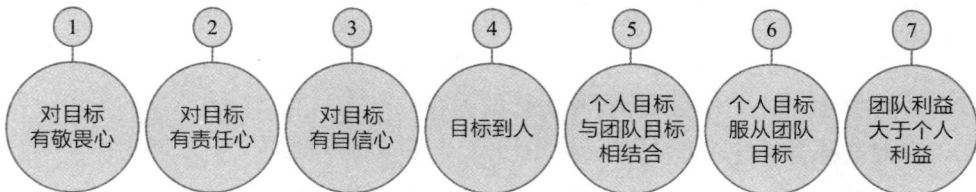

1	2	3	4	5	6	7
对目标有敬畏心	对目标有责任心	对目标有自信心	目标到人	个人目标与团队目标相结合	个人目标服从团队目标	团队利益大于个人利益

图7-2　团队目标意识培养

二、团队协同意识

团队中所有成员都必须意识到：个人的成功要融入团队的成功之中，只有团队任务完成，团队才算成功，才谈得上个人的成功；相反，团队任务的失败会使所有人的努力付诸东流，表现再出众的个人也不会有成就感。因此，团队协作是团队成功的必要条件。

另外，我们还可以用木桶原理来说明团队协同的重要性。团队中全体成员都要认清，哪怕是极少数人的工作进度拖延也会造成团队任务的不可控，个别模块的不稳定也会造成整个系统瘫痪等严峻现实。

比如说，软件开发团队中，任何一位工程师由于疏忽而造成的异常都可能导致整个软件系统大面积故障。大家熟悉的波音 737 MAX 客机就是由于安全系统存在设计缺陷，导致了印度尼西亚狮子航空和埃塞俄比亚航空两起空难，共造成346 人丧生。我相信，波音 737 MAX 客机研发团队中绝大多数人都是顶级的工程师和设计专家，但就是个别的缺陷导致了两起空难的发生。

这件事情告诉我们，不是所有人都在团队中举足轻重，但任何一个人出哪怕是一个微不足道的差错，就会使整个团队的工作功亏一篑，正所谓"千里之堤，毁于蚁穴"。因此，团队中每一个成员都要勇于和影响团队士气、干扰集体工作正常进行的做法作斗争，要敢于向不利于团队协同的行为说"不"。

根据我们的经验，团队协同意识的培养，需要团队每一位成员充分认识并做到（图 7-3）：

1. 100-1=0

这个公式常常用于产品质量控制方面，意思是说不管你的产品质量有多好，只要发生 1 次客户投诉或者质量事故，之前的努力全部归零。

最典型的案例就是在第二次世界大战中期，美国空军和降落伞制造商之间的故事。当时，降落伞的安全性还不够完美，经过制造商努力的改善，降落伞的良品率已经达到了 99.9%，这个水平已经是当时世界上最高的了。但空军认为，在涉及飞行员生命安全的事情上没有 99.9% 之说，只有 100%。在制造商表示无能为力的时候，空军提出一个降落伞安全性能的检测方法，那就是随机从前一周交付的降落伞中挑出一个，让制造商负责人自己背着它亲自从飞行中的飞机上跳下去。这个方法果然奏效，在实施后不久降落伞的良品率就达到了100%。

2. 摒弃狭隘的"自我观念"

团队不同于工作群体，工作群体强调个体行为的最优化，这无形中造成了"自我观念"的产生和膨胀。而团队则不同，团队更强调集体行为的最优化，这就要求每个团队个体坚决摒弃狭隘的"自我观念"，更加注重横向协同。

3. 协同的本质是开放

这要求每一位团队成员怀着开放的心态融入团队，用开放的心态分享自己的知识、技能和经验。就像中国坚持改革开放，从表面上看是打开了中国与世界政治、经济交流的通道，但本质是通过开放解决了中国与世界协同的问题。

4. 协同的手段是流程

前文已经提到，对于企业而言，先有战略，其次是流程，最后是组织。对于团队而言也是如此，想要确保团队协同有效、工作有序，前提是必须要对横跨不同团队成员之间的工作流程进行系统梳理，并定义出每个流程环节的输入与输出、时间要求、工作标准等，只有这样才能确保团队成员之间了解彼此，高效协同。

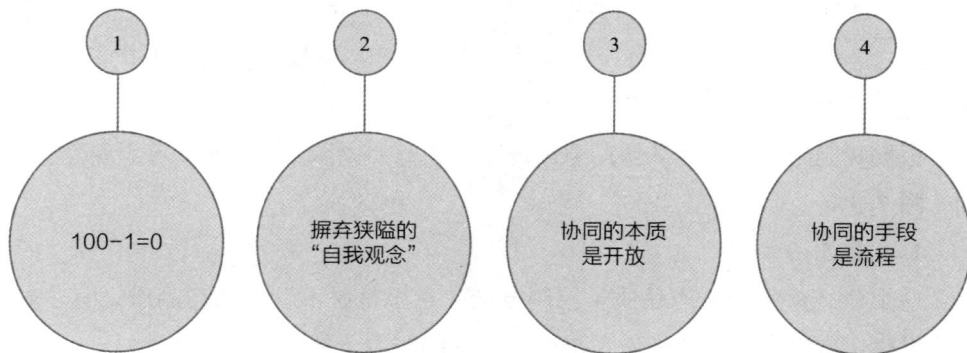

图7-3 团队协同意识培养

三、团队服务意识

有人说过：企业存在的唯一理由就是客户还需要你。同样的道理，我们也可以说：团队存在的唯一理由是客户还需要你。不论是企业还是团队，都要为客户创造价值，要为客户提供符合甚至超越客户预期的交付物。小米科技提出的"打造让客户尖叫的产品"，华为提出的"把数字世界带入每个人、每个家庭、每个组织，构建万物互联的智能世界"，招商银行倡导的"为客户提供最新、最好的金融服务"等都是这个道理。

根据我们的经验，团队服务意识的培养，需要团队每一位成员充分认识并做到以下几点，如图7-4所示。

1. 以客为先

急客户之所急。准确把握客户的重要关切点，把握好客户最迫切想要达到的合理要求，优先解决客户最为紧急的问题，把客户的事情当作自己的事情一样对待。

想客户之所想。在工作中要站在客户的角度上去思考问题，尽可能全面地了解客户的需求，把一切客户能想到的问题都提前想到并做好预案，在客户有这方面需求的时候能从容不迫地应对。

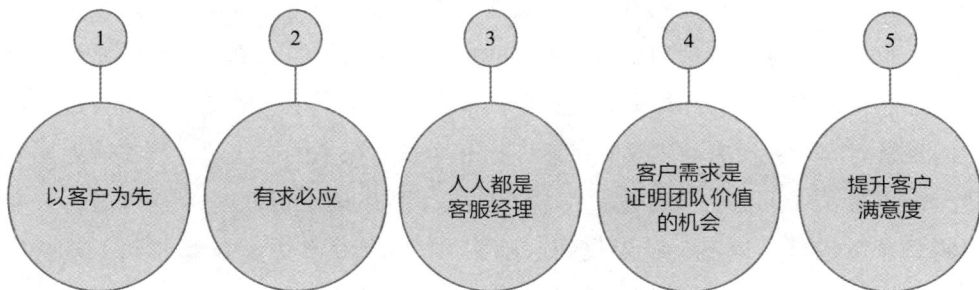

图7-4 团队服务意识培养

同客户一起成长。全球一体化的竞争环境下，没有哪一个企业和团队能在市场中独善其身，打造主客一体化的竞争体系已是大势所趋。让客户成为合作伙伴、利益共同体和统一价值观的追随者与传播者，是企业和团队经营的大成之道。

2. 有求必应

感觉比结果更重要。在 2020 年新冠疫情肆虐之时，笔者在网上购买了一款知名品牌的冰箱，冰箱到货签收时，外观有破损，但不影响正常使用。当即并未选择收货，向客服进行了反馈，客服也应允予以退换货。第二天，笔者又收到了一个快递，从包装上看也是该品牌寄来的，打开发现是十个口罩，从寄件日期上看，是在收冰箱之前就已经发货了的，瞬间一股暖流流遍全身。当时正值抗"疫"的关键时期，可以说一"罩"难求，笔者马上撤消了退换货申请，确认了收货。一件小事足以感动一个客户。其实客户最关心的往往不是问题处理的结果，而是在这个过程中有没有受到尊重，所以提供走心的服务非常重要。

速度比质量更重要。我们讲速度比质量更重要，是把速度和质量放在同一水平上面进行比较，速度占的比重应更高一些。这并不是说质量不重要，质量是产品或服务进行交易的先决条件。在当下的市场环境，没有效率就跟不上时代的发展，人们的需求随着时间的变化也在发生改变，一件东西可能我今天需要，明天就不需要了。所以，如何让产品或服务第一时间到达客户的手中，如何满足客户对效率的需求，是每一个企业或团队都需要重视和解决的问题。

过程回馈比解决结果更重要。在给客户提供产品或服务的过程中，企业或团队往往更重视解决问题的结果。事实上并非如此，在处理问题和客户投诉的过程中，通过各种信息手段，让客户知晓处理的整个进程非常重要，这样会让客户有一种强烈的参与感和被重视感，也方便客户根据处理的进程来安排与之相关的事务，让整个工作变得合理和高效。如果我们只重视结果而不重视过程的反馈，将会带来意外的客户流失和损失。我有个朋友在网上购买了一辆儿童单车，过了约定的发货时间，并没有看到发货信息，便和卖家进行了两次沟通，都答应近期发货。结果过了 3 天依然没有发货信息，朋友果断申请了退款。48 小时之后，平台将购车款进行了返还，结果收到返还款项的当天下午，朋友却收到了儿童自行车。如果客服代表能更好地掌握发货信息并反馈给客户，就不会造成订单的损失了。

3. 人人都是客服经理

客户的问题是大家的问题。在团队经营过程中，经常会收到客户的各种投诉与申请帮助的信息，可往往接到的问题的人和处理问题的人不是同一个人，这就导致了"我不是太清楚""我不能马上回复您""我需要请示我的上级"等这一类型的答复。这样的答复在客户听来是很不理想、很不靠谱的，产品与服务在客户心目中的印象会立马下调几个等级。为了避免这样的情况，就要求团队成员必须对产品与业务相当熟悉，精通客服话术，达到人人都能处理客户问题，人人都是客服经理的境界。

不要让客户的问题经过第三个人之手。层层汇报是企业和团队管理的通病，如何让客户第一时间获得问题的准确答复？第一，处理客户问题的层级不超过三级，最好控制在二级以内；第二，充分授权，让专业的团队或人做专业的事；第三，对于客户的投诉需求建立预案和标准，使处理流程最简化。

4. 客户需求是证明团队价值的机会

在本人的拙作《不懂解决问题，怎么做管理》（中国纺织出版社，2019年版）中曾经提到[1]："企业通过对客户利益诉求的持续满足，帮助客户解决问题，为客户创造价值，进而实现企业自身业绩增长和利润积累。当然在这里我也并不是要误导企业想当然地认为客户永远是对的，但只要是客户的合理诉求，企业就应该想方设法去满足；而且客户的诉求越刁钻，客户的问题越难解决，企业的价值就越大，获得的收益也会越高。"

这段话同样适用于团队。要想满足团队客户需求，首先要确保团队成员有这样的认知，在这样认知的基础上，团队成员才有可能不计得失、全心全意为客户做好服务。

5. 提升客户满意度

客户满意度是客户对商品或服务的事前期待与使用后得到的实际感受之间的差距所形成的态度。客户满意度并非是一成不变的，提高客户满意度需要企业或团队长期不懈的努力。这就要求我们不仅要为客户提供优质产品和服务，还要建立完善的客户关系管理系统，不断提升和维持客户的满意程度，最终实现所有客户的忠诚。下列几个方面至关重要：第一，把提高客户满意度纳入企业战略范畴；第二，树立以客户为中心的服务理念；第三，建立完善的客户管理系统；第四，加强与客户的沟通；第五，提高客服员工的服务水平。

---

❶ 水藏玺. 不懂解决问题，怎么做管理 [M]. 北京：中国纺织出版社，2019：11-12.

四、团队竞争意识

自然界的生存法则就是物竞天择，适者生存。团队也不例外，一个缺乏竞争意识的团队注定是平庸的团队，也是短命的团队，团队要有战斗力就必须树立极强的竞争意识。

团队竞争意识的培养，需要团队每一位成员充分认识并做到以下几点，如图 7-5 所示。

1. 强化竞争心理

竞争意识是指对外界活动所做出的积极奋发、不甘落后的心理反应，它是产生竞争行动的前提。团队负责人要时刻提醒团队成员竞争的残酷性与对团队工作的促进价值。

2. 激发竞争动力

竞争的力量能让一个人爆发出巨大的潜能，创造出惊人的成绩。因为竞争对手就在你面前，如果你不努力，最后只能被竞争对手打败。

3. 引入竞争机制

通过对决赛、公布绩效成绩、奖优罚劣、末位淘汰等机制，在团队内部形成你追我赶的竞争局面，是培养竞争意识的重要举措。

4. 责权利均衡，论功行赏

坚决执行责权利均衡的原则，使在团队中贡献大、责任大的成员得到丰厚的报酬，形成良好的导向，以引领多数人向同一方向努力，为团队作出更大贡献；同时，要毫不客气地将影响团队工作进度或士气的落后分子赶出团队。

5. 处理好主角与配角的关系

团队负责人要处理好主角与配角的关系，要让团队中的主角认识到他在主角的位置一旦出了差错，将可能被配角所代替；要让团队中的配角认识到如果他能够出色完成工作，下一个项目或过一段时间就会荣升为主角。配角的存在会对主角形成压力，主角的存在会对配角形成动力，这是团队内部最好的竞争机制。

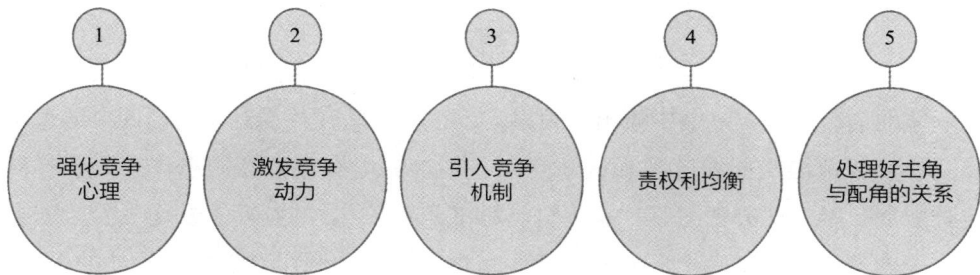

图7-5 团队竞争意识培养

五、团队创新意识

不论是国家层面、企业层面还是团队层面，创新已经成为广泛共识。创新是推动社会进步、企业发展的不二法宝。亨利·福特曾说：不创新，就灭亡。与亨利·福特的观点类似，彼得·德鲁克也曾说过：对企业来讲，要么创新，要么死亡。

随着5G技术及人工智能的普及，越来越多的商业模式被激发了出来，如马云所说"看不见，看不起，看不懂，来不及"的事情几乎每天都在发生。缺乏创新意识，国家很难进步，企业很难进步，团队也会很难进步。这些年在企业中出现的诸如产品创新、应用场景创新、客户体验创新、供应链创新、工艺创新、营销创新、商业模式创新、战略创新、制度创新、机制创新、管理创新等无不与创新有关，很多企业、团队通过创新取得了前所未有的成就。

乔布斯认为创新是无限的，有限的是想象力。他认为，如果是一个成长性行业，创新就是要让产品使人更有效率，更容易使用；如果是一个萎缩的行业，创新就是要快速地从原有模式中退出来，在产品及服务变得过时之前迅速改变自己。正是在乔布斯创新思维的引领下，苹果创造了一个难以逾越的商业奇迹。

简单而言，创新思维就是不受现成的常规思路约束，寻求对问题全新独特解答的思维过程。团队创新意识的培养，需要团队每一位成员充分认识并做到以下几点，如图7-6所示。

1. 跳出箱子外思考

美国管理专家迈克·万斯、戴安娜·迪肯在《跳出箱子外的思考：美国著名企业家的创新思维》一书中指出：很多人、很多团队往往受制于自己固有的思维模式、知识范围、能力范围和认知空间，很难做出有创造性的工作。要想打破这种限制，唯一的办法就是"跳出自己思维的箱子"。站到箱子外面去看，就会发现很多与之前认知完全不同的东西。在这本书中，利用"跳出箱子外的思考"模式，迈克·万斯、戴安娜·迪肯对通用电气的杰克·韦尔奇、迪士尼乐园的华特·迪士尼、苹果公司的乔布斯等人的创新思维进行了详细的阐述。

2. 重新定义创新

过去很多人对于创新的理解就是模仿，并在模仿的基础上加以改良。大家熟悉的 QQ 模仿 MSN、百度模仿谷歌、滴滴打车模仿优步、东鹏特饮模仿红牛、乡村基模仿肯德基都是很好的例子。事实上，过去 30 年很多团队的成功正基于此。但随着互联网时代信息传播、技术进步与迭代速度越来越快，模仿别人已经不足以支撑团队长久、持续发展。这时候需要团队真正地做到"颠覆式创新"，学会不断否定自己过去的成功，如颠覆式渠道模式创新、颠覆式产品迭代创新、颠覆式产品成本创新、颠覆式商业模式创新、颠覆式管理模式创新、颠覆式思维模式创新等。用一句网络语言概括：过去是"走老路也要穿新鞋"，现在是"穿别人的鞋，走自己的路，让别人去找吧"或者"穿自己的鞋，走别人的路，让别人去跟吧"。大家熟悉的微信颠覆 QQ、天猫颠覆淘宝等都是颠覆式创新的经典案例。

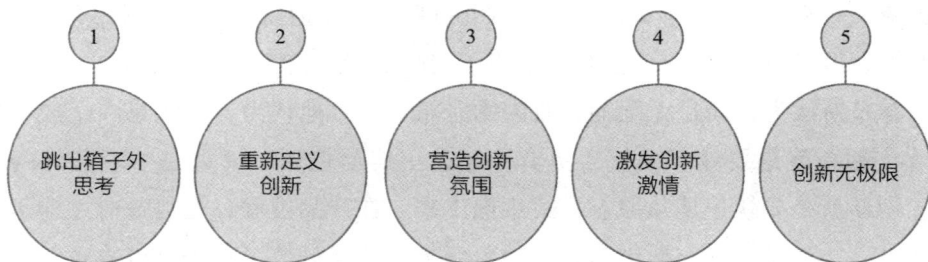

① 跳出箱子外思考	② 重新定义创新	③ 营造创新氛围	④ 激发创新激情	⑤ 创新无极限

图7-6　团队创新意识培养

3. 营造创新氛围

一个具有创新氛围的团队会表现出以下几个明显特征：其一，团队成员无拘无束地表达自己的观点；其二，团队成员每天都会迸发无穷无尽的新想法，而且团队负责人鼓励这些新想法，团队其他成员支持这些新想法；其三，鼓励员工做出尝试，对于因创新造成的失误，团队具有容忍度，而不是一味地批评和教育；其四，团队设立相应的鼓励创新以及奖励创新成果的机制；其五，为团队成员创新提供必要的资源支持，如人力资源、财务资源、信息资源等。

4. 激发创新激情

创新有三个核心要素：新元素、价值增量、可实现。

新元素是创新的基础。对于新产品研发团队而言，新元素可能是新材料、新工艺、新技术；对于设计团队而言，新元素可能是新定位、新创意；对于交付团队而言，新元素可能是新的交付模式、新的互动工具、新的解决方案；对于战略委员会而言，新元素可能是新战略、新产业布局、新商业模式、新管理模式等。总之，有了新元素才会有创新的动力。

价值增量是指新元素的实现一定要有价值，而且要比原来的元素创造更多的价值。这些价值体现在方方面面，可能是成本更低、价格更便宜、质量更高、客户体验更佳，也可能是创造更多营业收入、贡献更多利润等。

可实现是衡量创新是否有效的另一个维度。在美国，只有 12%~20% 的研发项目最终成为了创新的产品及应用。在中国，互联网产品的创新应用比例估计会更低。创新理论鼻祖熊彼得曾经说过：所谓创新，就是发明的第一次商业化应用。小米的成功就是将成本创新和客户体验创新做到了极致；苹果的创新就是创造出适合那些黑科技的场景应用，为客户创造了前所未有的价值体验；富士康的创新就是将管理模式标准化做到了全世界最好；华为的创新就是不断在通信技术前沿领域做出超越别人的新技术研发。

由此可见，要想激发团队的创新意愿，提升团队创新能力，必须回到创新的原点，从新元素、价值增量、可实现三个维度进行培养。

5. 创新无极限

创新是一个永恒的话题。从 1946 年 2 月 14 日在美国宾夕法尼亚大学诞生了世界上第一台通用计算机 ENIAC 以来，每次创新的结果就是计算机体积越来越小、运算速度越来越快；后来随着互联网的兴起，计算机从单机走向有线局域网、无线局域网、全球互联；再后来计算机与手机互联，计算机、手机与设备互联；之前是人通过计算机控制设备和终端，现在随着人工智能的进一步发展，设备和终端可以通过计算机和手机反过来指挥人的行为，可以想象在不远的将来，计算机将代替人在各个领域进行工作。从 2000 年以每秒 100 万指令级进行计算时，计算机就已经超过了昆虫脑组织的计算能力，到了 2010 年每秒亿次的计算能力已经超越了老鼠脑的计算能力，很多专家预言，在将来的某一时刻，计算机一定会超越人类大脑的计算能力，大家熟悉的阿尔法狗就是一个典型的例子。从这里我们可以看出，创新是永无止境的，只要团队成员牢牢把握创新的三个核心要素，就一定可以成就世界级的团队。

六、团队成果意识

很多团队成员往往有这样的认知，认为只要自己做好了，只要团队成员努力了，都应该获得回报，受到应有的嘉奖，但他们却不太关心努力的结果是什么：有没有满足客户的预期？有没有达到当初的目标？这显然是缺乏成果意识的表现。图 7-7 所示的是团队成果意识培养。

1. 没有成果，再大的努力也是徒劳的

对于企业而言，没有成果一切都是零，因为市场不相信眼泪；对于团队而言，没有成果就是失败的，因为没有企业会为一个失败的团队买单；对于团队成员也是一样，成果是最好的证明，因为成果从来不会说谎。

2. 结果不等于成果

在管理学上有两个词，一个是执行，一个是执行力。执行讲的是把一件事情做了，而执行力则强调把一件事情做好了。显然，执行最终一定会出现一种结果，这种结果可能是好的，也可能是不好的；而执行力强调的是一种做好了的结果，也就是我们所说的成果。因此，团队成员一定要明白这样一个道理：结果不等于成果。好的结果才能称之为成果，而不好的结果或者没有达到预期的结果都不能称为成果。

3. 成果以客户满意为准则

是不是成果，或者成果好与不好并不由团队自己定义，而是以是否达到客户预期、是否令客户满意为判定准则的。也就是说，没有达到客户预期的成果都不能证明团队的成功。这就要求团队每一位成员始终以客户满意为衡量准则。

4. 成果是团队能力的体现

马，志在千里，不爱干活；骡子慢慢吞吞，是驮东西的好手。一匹骡子和一匹马同时为主人驮东西，主人嫌马驮不了多少东西而把货物往骡子身上压，但骡子毫无怨言。马由此洋洋自得，一方面觉得自己很聪明，没有受累、挨骂，一方面还为自己叫屈，认为自己不应该沦为驮东西的角色。随着时间的流逝，主人发现还是骡子有用，马中看不中用，留着用处不大，就想把马杀了。马对骡子说："你什么也不如我，论外貌、论才干怎么都应该杀你啊，可为什么死的却是我呢？"骡子慢声细语地说了一句："谁好谁不好，拉出来溜溜就知道了。"主人对马和骡子是如此，对团队的评价更是如此！

5. 成果是团队价值的体现

团队存在的价值就是完成团队被赋予的任务及目标，帮助客户解决问题。因此，在团队中，一定要杜绝"我已经尽力了""该做的我都做了""我已按流程完成工作"，其实这些都只是过程，没有体现工作成果。没有工作成果，做得再多，意义都不大。因为努力工作不等于一定有工作成果，而没有成果的努力都是在做无用功。

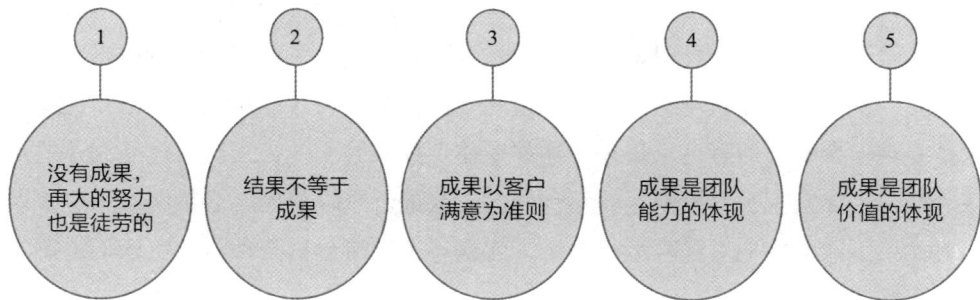

图7-7 团队成果意识培养

（七）团队风险意识

风险与机遇如一对同胞兄弟般形影相伴，就如同地球有白天就有黑夜是一样的道理。但团队往往习惯于想到任务好的一面，而忽略对团队不利的另一面、有风险的一面，这就导致很多团队工作始终不尽人意，甚至会半途而废。图7-8所示是团队风险意识培养。

1. 没认识到风险是最大的风险

团队在组建及实际运营的过程中，由于内部环境、外部环境的变化而使团队工作不能有效推进的事情比比皆是。因此，团队首先要识别潜在的风险点，并在实际运行过程中建立风险点预防措施、评估机制，将风险控制在萌芽状态。这是非常关键的。

2. 在知道与不知道之间风险不期而至

这个观点是英国风险管理专家迪伦·埃文斯在其专著《风险思维》中提到的。他认为对于一个团队而言，如果是在熟悉的情况下，很多风险是容易识别的，也是比较容易控制的；而在不熟悉和不知道的领域，往往也不会产生大的问题；风险往往产生在团队知道与不知道之间的领域，也就是我们通常所说的"一桶水不晃，半桶水晃"，在一知半解之间往往会与风险不期而遇。

3. 集体错觉是团队风险的最大诱因

团队风险不同于团队个体造成的风险，因为个体造成的风险通过团队内部的流程纠偏、绩效评价、工作总结、现场检查等一系列手段就能够发现，但由于团队集体错觉造成的风险是很难预测也很难发现的，这种风险往往会造成不可估量的损失，甚至会让团队所有的努力都付之一炬。那如何才能避免集体错觉呢？首先是要重视少数人的意见，真理往往掌握在少数人的手中；其次，建立完整的团队风险识别体系。凡事预则立，不预则废。要进行风险管理，必须明确风险在哪里。如果不能准确地对风险进行确认，就谈不上风险分析与预防，更谈不上制定风险策略以控制风险。

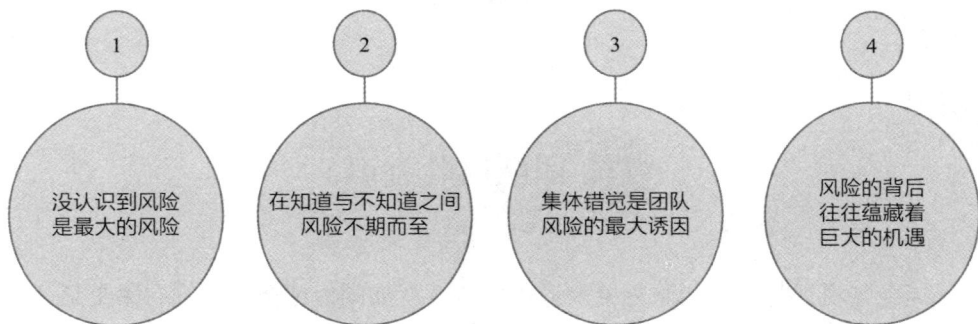

图7-8 团队风险意识培养

4. 风险的背后往往蕴藏着巨大的机遇

前文已经提到，风险与机遇形影相随，有风险的地方就蕴藏着机遇，而且风险越大的地方往往机遇越大。团队风险意识的培养就是要让每一位团队成员在面临风险的时候能够再往前走一步、想一步，看清楚风险背后的机遇所在，这才是最关键的。那如何看清风险背后的机遇呢？

首先，是要对外部经营环境进行准确、清晰地分析。这里给大家推荐的工具是"PEST 分析法"，其要义是就当前的政治法律环境、宏观经济环境、社会文化环境、技术环境进行深入的探讨与分析，找出在当前的社会环境中，企业所面对的机会和威胁是什么。

其次，是要对企业或团队内部环境进行自我剖析。在这里推荐给大家的工具是"内部利益相关者分析模型"。在内部利益相关者分析中，首先要找到内部利益相关方。在团队组织中，不外乎上级、兄弟单位、下级或下属单位、客户、供应商。要分析它们的核心利益诉求是什么，我们对它们的诉求满足状况是什么。通常把满足状况最好的诉求识别为我们的内部优势，满足状况最差的诉求识别为我们内部的劣势。

再次，规避风险，抓取机会。这里给大家推荐的工具是"SWOT 分析法"，它是一个脑力激荡的过程，通过把"PEST 分析"和"内部利益相关者"分析的结果按照两两配对的方法进行碰撞，用优势去抓取机会、规避风险，用机会去弥补劣势，在威胁与劣势中找到防御的方法。

第八章

团队文化塑造

团队文化作为企业文化的组成部分，是在企业文化大背景之下，团队自身管理模式与文化元素融合进而提升团队竞争力的一种管理思想。团队文化以团队为载体，是团队所有个体共同创造的物质财富和精神财富的综合反映。它伴随着团队任务的产生而产生，是团队在存续期间所倡导、积累和提炼出来的，代表团队的主流价值观和工作作风，由团队使命、团队愿景、价值理念、行为规范等内容构成，能够凝聚和激发团队成员工作积极性和归属感，是团队的灵魂和精神支柱。

优秀的团队文化必须具有六个重要功能，分别是导向功能、约束功能、凝聚功能、激励功能、调节功能和辐射功能，如图 8-1 所示。

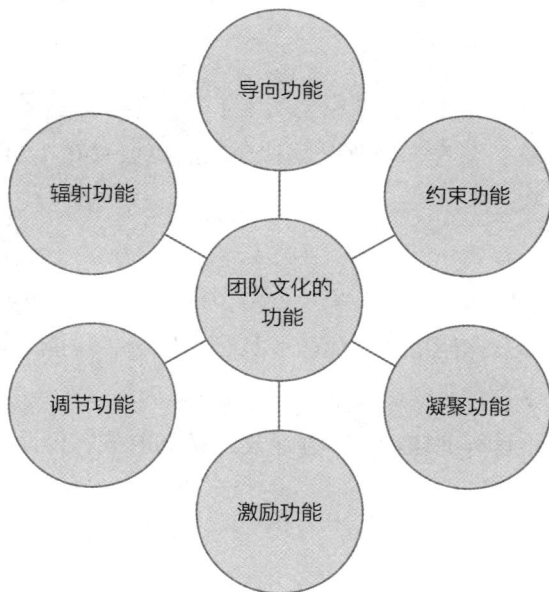

图8-1　团队文化的功能

1. 导向功能

所谓导向功能就是通过文化对团队负责人和员工起引导作用。团队文化的导向功能主要体现在两个方面：经营哲学和价值观念的指导、团队目标的指引。

2. 约束功能

团队文化的约束功能主要通过完善管理制度和道德规范来实现。如阿里巴巴的"六脉神剑"中提到的"诚信"，就是对全体员工的一种有力约束。

3. 凝聚功能

团队文化以人为本，尊重人的感情，从而在团队中营造一种团结友爱、相互信任的和睦气氛，强化了团体意识，形成了强大的凝聚力和向心力。共同的价值观念形成了共同的目标和理想，员工把企业看成命运共同体，把自己视为实现共同目标的重要组成部分，整个团队步调一致，形成统一的整体。

4. 激励功能

共同的价值观念使每个员工都感到自己的存在和行为的价值，而自我价值的实现是对人最高精神需求的满足，这种满足必将形成强大的激励。在以人为本的团队文化氛围中，团队负责人与成员、成员与成员之间互相关心、互相支持；特别是团队负责人对成员的关心，会使其感到受人尊重，自然会振奋精神，努力工作。

5. 调节功能

团队成员之间由于各种原因难免会产生矛盾，解决这些矛盾需要各自进行自我调节。团队与环境、客户、企业以及社会之间也会存在不协调、不适应之处，这也需要进行调整和适应。

6. 辐射功能

团队文化关系到团队的公众形象、公众态度、公众舆论和品牌美誉度。团队文化不仅在团队内部发挥作用，对团队成员产生影响，也能通过媒体传播、公共关系活动等各种渠道对企业产生影响，向外辐射。

正因为团队文化具有上述功能，在组建团队的时候，团队文化的塑造才显得分外重要。

一、选择文化氛围

团队任务不同，团队负责人的管理风格不同，每个团队的文化就会表现出不同的氛围。有些团队主张创新，有些团队倡导奉献，还有些团队更赞同团队学习。至于哪种文化氛围更适合自己的团队，则需要根据团队性质进行识别。表 8-1 是不同团队氛围对比。

表8-1　不同团队氛围对比

氛围类别	氛围特点	适合团队类型
智慧型	善于集合智慧、组织资源；尊重知识、重视人才；具有长远的规划，科学的战术策略	跨学科型团队、虚拟型团队、委员会型团队
形象型	团队形象统一，富有市场性、时代感；成员行为文明规范；注重塑造团队在社会上的知名度和美誉度	功能型团队
创新型	创造性地继承和发扬团队传统；勇于打破常规、敢于承担风险	跨学科型团队、问题解决型团队
竞争型	无论团队还是个人都有强烈的危机感和忧患意识，积极进取、勇于开拓、富有激情；团队以新型的、现代竞争意识为驱动力	功能型团队、跨学科型团队、问题解决型团队、委员会型团队
奉献型	敬岗爱业；具有强烈的责任心和使命感；勇于担当重任，凡事以全局为重，以团队的利益、荣誉为出发点，不计较个人得失	功能型团队、自我管理型团队
学习型	善于学习、终身学习；不断摄取新知识，掌握新技能；互动研讨，共同提升与进步	跨学科型团队、问题解决型团队、虚拟型团队
凝聚型	团队具有强大的吸引力、向心力和亲合力；团队成员具有同一的核心理念和企业价值观；团队协作精神强、成员相互关爱、有难同当	虚拟型团队、跨学科型团队、委员会型团队

如新产品研发团队需要营造创新型文化氛围，委员会型团队则需要营造智慧型或凝聚文化氛围。总之，在确定团队使命、愿景、价值理念和行为规范之前，团队负责人需要首先选定团队文化基调，这是非常关键的。

二、明确团队使命

马克思曾经说过：作为一个确定的人，现实中的人，你就有规定，就有使命，就有任务，至于你是否意识到这点，那是无所谓的。这个任务是由于你的需要及其与现存世界的真实联系而产生的。根据马克思的观点，使命是与生俱来的，而且是客观存在的，不以人的意志为转移，无论你是否愿意接受，无论你是否意识到，是否感觉到它的真实存在，这种使命伴随人出生而降临到每个人身上。

一个人如此，一个团队更是如此。团队产生的前提是需要完成特定的工作任务，这就意味着从团队诞生的那一刻起，团队就肩负着特定的使命，而且这个使命不以团队成员的个人意志为转移。因此，进行团队文化建设的第一步就是要让团队全体成员都必须明白团队存在的价值究竟是什么。

如图 8-2 所示，一个团队通常有 5 个利益相关者，分别为团队成员、客户、供应商、职能部门和公司。可以看到，团队成员作为团队的组成部分，对团队的价值是付出劳动、贡献智慧、创造价值，而团队对于团队成员的价值在于提供平台、增加收益、增加才干和体现价值。同理，职能部门对于团队的价值在于资源投入，包括人力资源、信息资源、知识资源等，而团队对于职能部门的价值在于对所提供资源的认可，使其价值最大化地发挥出来。

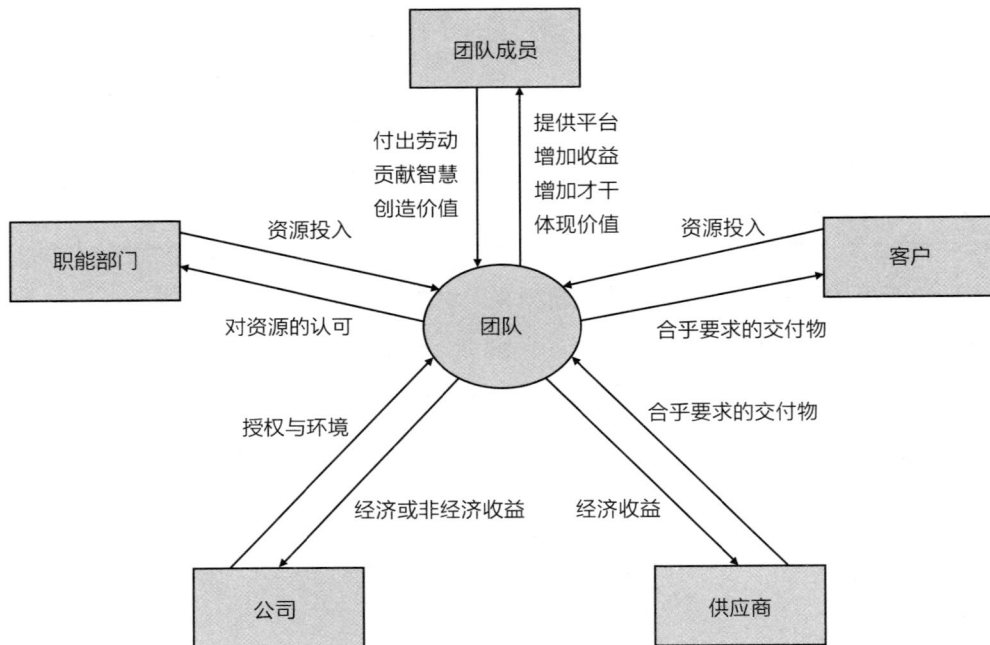

图8-2　团队利益相关者价值体系

关于团队使命的描述，需要精炼、精准、便于记忆、朗朗上口。如阿里巴巴的使命就是"让天下没有难做的生意"，小米的使命就是"始终坚持做感动人心、价格厚道的好产品"一样，团队使命必须要确保每一位团队成员都能铭记在心。

财务团队的使命可以定义为：转变意识，由财务会计向管理会计转型，使财务成为能带来附加值的公司管理合作者和公司战略与新管理制度的推动者。

人力资源团队的使命可以定义为：通过建立和完善人力资源管理体系，为公司研发、生产、营销及服务支持等业务模块的发展、经营目标的达成提供战略性的人力资源支持。

三、定义团队愿景

愿景是团队全体成员共同努力而期望达到的一种场景和蓝图。愿景一旦确定，就需要团队全体成员将其作为终极目标去追求。愿景描述就是要解决这样一个最基本的问题：我们要成为什么？我们将向哪里去？

那么团队的愿景是从哪里来的呢？确定愿景对团队发展又有哪些好处呢？

威斯敏斯特大学教授约翰·基恩说：愿景可以集中团队资源、统一团队意志、振奋团队精神，从而指引、激励团队取得出色的工作业绩。

团队愿景来源于团队任务，美国企业战略管理专家弗雷德·R.戴维教授认为，愿景的确定，可以帮助团队，如图 8-3 团队愿景价值体现所示。

（1）保证团队发展方向的一致性。愿景是团队对未来的憧憬，在缺乏清晰愿景描述的情况下，很容易导致团队发展方向迷失，正如在缺乏信仰的时候会造成人的灵魂迷失一样。

（2）为团队配置资源提供基础或依据。团队一切资源的配置都来自发展方向和任务本身。如小米手机投入两三千人的研发团队正是源于其对手机核心技术的苛求，京东斥巨资打造完善的电商物流也是源于京东"让生活变得简单快乐"的使命和"成为全球最值得信赖的企业"的愿景定位，以及"多快好省"的经营理念。

（3）建立统一的团队文化氛围和工作环境。愿景为团队全体成员树立职业追求的终极目标，同时还有助于在团队内部形成统一的价值理念和文化氛围，让员工把团队当成自己的家。

（4）通过集中的表达，使员工认识团队目标和发展方向，防止他们在不明白团队目标和方向的情况下参与团队活动。

（5）有助于目标转化为团队内部分工，以及向团队成员分配任务。有了清晰的愿景，更加有利于团队内部组建高效的流程和组织体系，有利于明确各成员的使命和职责，有利于团队成员全力以赴实现团队赋予的责任和目标。

（6）使团队目标具体化，以便使成本、时间、质量、效率等绩效参数得到评估和控制。团队存在的核心在于用最小的投入获得最大化的收益，而伟大的团队愿景可以让员工不计得失，以饱满的热情完成团队目标，这时候团队运营成本是最低的，运营效率则是最高的。

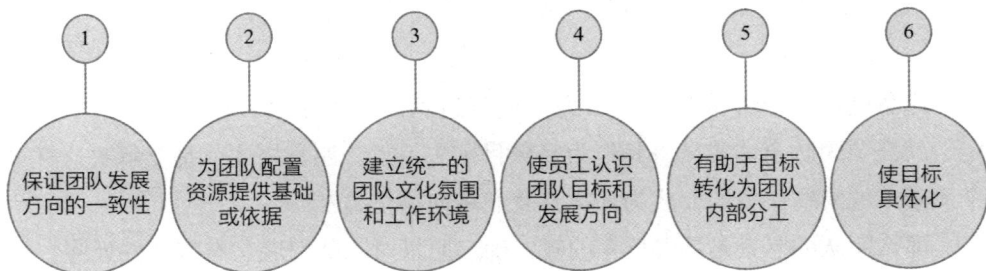

1	2	3	4	5	6
保证团队发展方向的一致性	为团队配置资源提供基础或依据	建立统一的团队文化氛围和工作环境	使员工认识团队目标和发展方向	有助于目标转化为团队内部分工	使目标具体化

图8-3　团队愿景价值体现

在定义团队愿景的时候，最有效的方法就是愿景工作坊：要求团队全体成员或者有影响力的团队成员代表共同参与，每人发一张小卡片，让他们在小卡片上分别写出自己理想中的团队蓝图，然后由每个人来阐述自己的观点，其他人可以在别人观点的基础上对自己的观点进行修正，最终经过2～3轮的反复，就会形成团队成员一致认同的愿景。当然，在这个过程中团队负责人的全程参与和积极引导也是非常必要的。

描绘整体愿景的过程就如一群人共同拼接一幅图画，而且这幅图画是没有原稿可以参考的。它的整个过程是：先由每位员工各自描绘自己的拼图，然后自下而上汇集与修正，再结合团队负责人的意见，不断提炼和充实，最终描绘出一张完整的图。

与使命的描述不同的是，愿景的描述可以更大胆一些，让团队成员看了以后有足够的想象空间，但又不要让人觉得是遥不可及、虚无缥缈。

四、明晰团队理念

理念文化是团队文化的核心，是指导团队成员思维和行动的价值观和信条，团队可以围绕团队利益相关者价值体系，分别回答各利益相关者的价值主张。前文提到的使命回答的是团队对于各利益相关者存在的价值是什么，而团队理念则要回答团队与各利益相关者打交道的时候需要遵守的基本价值主张，是对使命的进一步阐述。

理念文化内容比较多，在提炼和塑造时应该根据不同的内容采取不同的方法。常见的方法有：愿景工作坊、头脑风暴法、集中研讨法、网络会议法、资料筛选法、调查问卷法等。

理念文化的表达也有很多种方法，如箴言式、品名式、人名式、经验式、比喻式、概括式、故事式、艺术式等。团队在选择理念文化表达方式时需要把握以下几个原则：

（1）突出团队个性。

（2）风格一致。

（3）立足现实并着眼未来。

（4）简练易懂。

需要注意的是，即便有些理念文化字面上是一致的，但每个团队对理念内涵的阐释有可能差异很大。

比如，同样是"创新"理念，不同团队解释会不同。

1. A 团队对"创新"的定义

创新：打破常规，创造可能。

（1）创新指不受陈规和以往经验的限制，创造出新观念、新方法和新事物。

（2）不断学习是提高创新能力的唯一途径，实践是检验创新是否有效的唯一标准。

（3）团队支持员工创新，鼓励员工从创新中总结经验；害怕犯错而不敢尝试创新的人，绝不是一个合格的成员。

（4）创新无小事，只要是基于提高工作效率和提升产品价值的行为，就是有利于增强团队竞争优势的创新行为。

2. B团队对"创新"的定义

创新：善于学习，勇于创新。

（1）善于学习：提倡在工作中学习，在学习中工作。工作的过程就是不断学习的过程，要积极向同事学习、向客户学习、向同行学习、向国内外先进的团队学习；要努力通过各种途径进行自学，珍惜团队每一次培训和学习的机会；要学以致用，理论联系实际，把学到的知识和技能充分运用到工作之中。

（2）勇于创新：既要严格执行既有的工作流程，又不拘泥于条条框框搞教条主义，要尝试新的方法和思路，敢于怀疑与否定，敢于探索新方法、新思路；善于多向思维，不断提出新的创意，并大胆尝试，付诸行动，尽快把创意转化为成果。

3. C企业对"创新"的定义

创新：团队发展的源泉。

（1）我们积极支持团队成员的创新思想和创新行动，鼓励团队成员从错误和失败中总结经验，并宽容地对待因为创新带来的失败。我们坚决反对那些固步自封、墨守成规的观念和风气，害怕犯错而不创新的人绝不是一个合格的团队成员。

（2）我们鼓励那些在本职工作中追求创新的行为，我们反对那种好高骛远和眼高手低的人。

（3）团队提倡人人参与合理化建议活动，它是公司鼓励创新的最基本的活动。对于那些积极开展合理化建议活动的团队和个人，公司尽力提供相关的资源，并对取得效益的项目给予合理的奖励。

五、规范团队行为

行为文化是在团队理念文化的指导下，团队负责人与全体成员需要共同遵守的行为准则，是对理念文化的细化。行为文化主要表现为团队工作流程、规章制度、工作指引、工作标准、行为规范等成文的规定，也包括传统、习惯、风俗、禁忌与流行等不成文的行为规范。

1. 强调制度的严肃性

"在企业，制度是有尊严的。"这句话是深圳一家企业总裁的观点，他认为，企业的制度一旦确定就必须没有任何理由地去加以执行。不能得到严格执行的制度，企业宁可不要。对于团队而言，这句话同样适用。

2. 设计多样化的员工行为规范

制度有尊严，但员工的行为规范可以多样化。通常情况下，团队会根据自身的特点和理念文化建立诸如员工道德规范、员工行为规范、员工行为高压线、合理化建议、员工行为奖惩机制等，以不同的方式对员工行为加以规范。

六、开展团建活动

由于团队工作性质，团队成员往往来自于不同部门，在一起工作的时间有长有短，因此，策划和不定期开展团建活动是增强团队凝聚力的有效方法。

除了组织诸如体育活动、郊游、聚餐、团队成员生日会、读书会、团队拓展训练等常规性的团建活动之外，团队学习也是一种很好的团建活动形式。当然，团队也可以根据自己的工作特点，开展诸如团队成立宣誓、新团队成员加盟仪式、团队例会、团队成员述职、优秀团队成员评选、团队感动人物评选等富有仪式感的团建活动。

【案例 8-1】深圳信睿生物科技新产品开发团队文化展示

第一部分：团队使命

为团队成员提供施展才华的舞台（团队成员层面），创造世界级产品（客户层面），为尽快实现公司产品战略而奋斗（公司层面）。

第二部分：团队愿景

成为世界级化妆品开发工程师的摇篮。

第三部分：团队价值理念及行为标准

1. 诚信：正直守信，实事求是。

理念释义：

（1）诚信指正直坦诚、说到做到，对自己讲的话承担责任。

（2）诚信是人的基本品质，是团队的行为高压线。

（3）鼓励每位成员坦诚相待，拒绝为了表面上的和谐而掩盖真相或回避矛盾。

（4）倡导实事求是的工作作风，以事实和数据说话。

行为标准：

（1）不传播未经证实的消息，不背后不负责任地议论事和人。

（2）实事求是，用事实和数据，通过正确的渠道和流程表达自己的观点。

（3）诚实正直，言行一致，勇于承认错误，敢于承担责任，不受利益和压力的影响。

（4）表达批评意见时提出相应建议，对损害团队利益的不诚信行为严厉制止。

2. 专业：专注严谨，业有专攻。

理念释义：

（1）专业指具备较强的专业知识和技能，为用户创造一流体验。

（2）专业最关键的是要不断创新，打造他人无法超越的核心竞争力。

（3）专业是通过严格的流程和标准、严谨的制度和规范、有效的计划和沟通来体现的。

（4）体现团队整体的专业水平，每一个团队角色都要以世界级的专业水准实现自己的工作目标。

行为标准：

（1）熟练运用所承担角色的专业知识与能力，严格遵守制度，顺利解决工作中的实际问题。

（2）努力提升所承担角色的专业知识与能力，不断学习和尝试，工作绩效有所提升。

（3）专注于本专业领域，精益求精，具备永不倦怠的好奇心和进取心，工作绩效有很大提升。

（4）在本专业领域取得突破性成果，对团队发展产生重大影响。

3. 创新：打破常规，创造可能。

理念释义：

（1）创新指不受陈规和以往经验的限制，创造出新观念、新方法和新事物。

（2）不断学习是提高创新能力的唯一途径，实践是检验创新是否有效的唯一标准。

（3）团队支持创新，鼓励成员从创新中总结经验，害怕犯错而不敢尝试创新的人，绝不是一个合格的团队成员。

（4）创新无小事，只要是基于提高工作效率和提升产品价值的行为，就是有利于增强团队竞争优势的创新行为。

行为标准：

（1）不断学习，优化本角色的工作方法。

（2）对团队工作提出改善建议，并获得成果。

（3）敢于质疑传统和常规，提出和建立新方法、新思路，为团队贡献智慧。

（4）进行突破性的创新，或获得发明性专利，为团队创造价值。

4. 激情：乐观向上，永不言弃。

理念释义：

（1）激情来自于坚定的信念、对实现目标的渴望、对团队的认同和对工作的热爱。

（2）激情可以传递能量、振奋士气、凝聚团队、提高战斗力。

（3）激情不是一时冲动，而是长期坚持和持续体现的精神状态。

（4）充满激情的人主动找方法，相信"办法总比困难多"，永不言弃。

行为标准：

（1）喜欢自己的工作，认同团队文化。

（2）不断自我激励，积极面对困难，努力提升工作绩效。

（3）碰到困难和挫折的时候永不放弃，不断寻求突破，并获得成功。

（4）努力为团队增添活力，主动激发同事及团队的工作热情。

第三部分

PART THREE

团队管理篇

在伟大的团队中，冲突也是卓有成效的。言论自由、思想碰撞对于创造性思维至关重要，因为没有人能够独立发现新的解决方案。

——彼得·圣吉

团队存在的目的就是完成一项或实现一系列目标，团队也应该关注于此，并为之做出承诺，付出努力。

——迈克尔·A. 韦斯特

目标不是命令，而是一种责任或承诺。目标并不决定未来，只是一种调动企业资源和能量以创造未来的手段。

——彼得·德鲁克

兵熊熊一个，将熊熊一窝；强将手下无弱兵；虎父无犬子……这些都是在说管理者在团队管理中的作用。一个怯懦的管理者是带不出优秀团队的，没有敢打敢拼的李云龙就不可能有战无不胜的独立团。

——本书作者

第九章

团队目标管理

迈克尔·A.韦斯特说："团队存在的目的就是完成一项任务或实现一系列目标，团队也应该关注于此，并为之做出承诺，付出努力。"因此，团队管理首当其冲需要解决的问题就是清晰定义团队目标，同时对目标进行层层分解，确保每个团队成员都清楚自己的目标。

彼得·德鲁克也曾经说过："目标不是命令，而是一种责任或承诺。目标并不决定未来，只是一种调动企业资源和能量以创造未来的手段。"由此可以看出目标对于一个团队的重要性。如果一个团队没有明确的目标，就意味着团队成员很难对未来做出承诺，团队负责人也很难调动团队成员的工作积极性。

一、团队目标定义

迈克尔·A.韦斯特指出：创建团队的目的是为了完成一般工作群体无法完成或者极难完成的工作任务，因此，是任务定义了团队，而不是团队定义了任务。一旦确定了任务，团队就可以定义其目标。

美国马里兰大学管理学兼心理学教授爱德温·洛克和休斯提出了"目标设定理论"，认为目标本身就具有激励作用，它能把人的需要转变为动机，使人们的行为朝着一定的方向努力，并将自己的行为结果与既定的目标相对照，及时进行调整和修正，从而能实现目标。两位大师也同时告诉我们，设定目标要明确、要有一定难度和挑战性，否则目标对绩效产生的影响很弱。

通过对不同团队的研究，我们发现团队目标的清晰程度在很大程度上决定了团队能否成功。在我们身边有很多团队要么对目标定义不清，要么对目标定义不精准，要么对目标缺乏层层分解，总之，团队目标存在问题的团队，其成功的可能性就大大降低。

另外，迈克尔·A.韦斯特还给出了衡量团队目标描述是否准确的八项标准（见图9-1）：

（1）目标应该是明确的——团队中每个人都必须了解目标，且对目标的理解必须一致。

（2）目标应该具有挑战性——容易实现的目标缺乏激励性，有效的目标应该是那些富有挑战性但通过团队成员全力以赴可以实现的。

（3）目标应该可度量——团队目标应该可以通过数据进行量化衡量，比如产品研发周期、客户满意度、销售收入、产品品质不良率、年度经营目标达成率等。

（4）目标应该被团队成员分享和理解——任何一个团队成员被问及团队目标是什么的时候，应该能给出相同的答案。

（5）团队成员应该参与目标确定——如果团队成员没有参加目标确定的过程，势必会带来很多解释工作，还会因团队成员对目标不认同而造成工作障碍。因此，在确定团队目标时有必要让全体团队成员都参与，这样的目标容易达成共识，也对团队成员更具激励性。

（6）目标不宜过多——团队目标项目不宜过多，3～5个最好。比如对一个新产品研发团队而言，只要明确研发周期、研发品质合格率、新产品上市时间、新产品预计销量等目标就可以了；再如对企业经营委员会而言，只要明确年度收入指标、利润指标、资产回报率指标等就可以了。

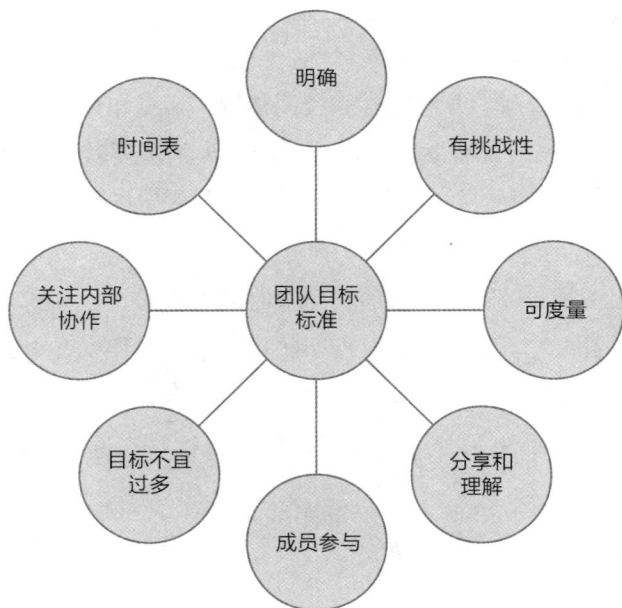

图9-1　团队目标标准

（7）目标之一应该关注改善团队内部协作——团队目标必须包括团队自身建设及团队运营效率相关指标，这样可以直观地看出团队运营质量。

（8）目标应该有时间表——通常团队会设定未来一段时间的目标，并据此评估其绩效。因此，需要对团队的目标实现列出明确的时间表。

对于团队目标的定义，彼得·德鲁克在《管理的实践》中提出：目标管理就是将企业所有人员的努力凝聚到企业共同目标上来的一种管理过程。每位经理人必须自行发展和设定单位的目标，对于目标的共同理解从来不可能通过"向下交流"而取得，它只能产生于"向上交流"，既需要上司有听取下属意见的诚意，也需要有一种专门设计的手段使下属管理人员的意见能得到反映。

团队目标的定义也是如此。当团队任务明确后，团队负责人需要带领团队进行详细研讨，明确任务完成策略，定义团队任务目标。我们将团队目标定义的核心步骤分为以下三步（见图9-2）：

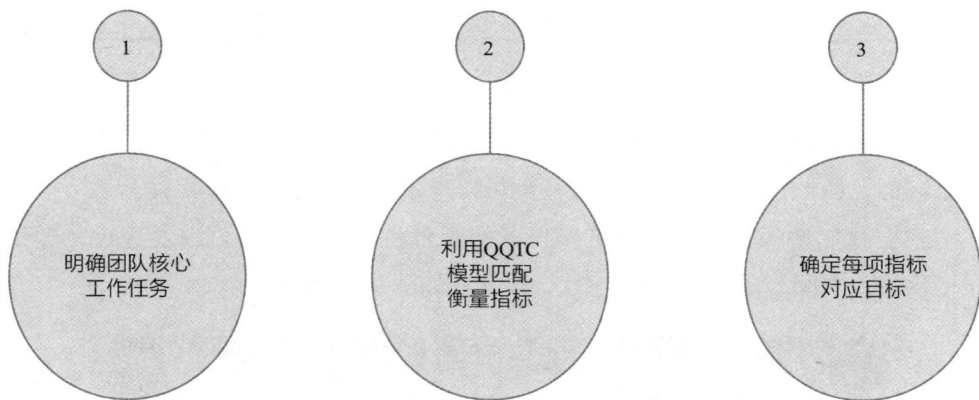

图9-2　团队目标定义

（1）明确团队核心工作任务。任何团队的成立都是基于特定工作任务的，只不过不同的团队类型对应的工作任务特征不同。比如功能型团队工作任务会比较多而且周期也会比较长；跨学科型团队工作任务会比较复杂，但周期相对会短一些；而问题解决型团队工作任务会比较单一，但复杂性可能会比较高；委员会型团队工作任务会比较宏观，周期也可能会更长一些。

【案例 9-1】深圳信睿生物科技不同类型团队工作任务描述（表 9-1）

表9-1 深圳信睿生物科技不同类型团队工作任务描述

团队名称	团队类型	团队任务	团队任务特征
人力资源团队	功能型	完成现代企业人力资源管理体系搭建 完成公司人力资源"三支柱"（HRBP、SSC、COE）建设	任务复杂，周期长
P20新产品研发团队	跨学科型	完成P20产品立项前市场调研工作 完成P20产品研发、试产、量产、上市准备工作 完成P20产品生命周期管理	任务复杂，周期适中
W10产品批量质量事故处理团队	问题解决型	完成W10产品批量质量事故处理 以W10产品批量质量事故为基础，完善公司质量事故处理流程	任务明确，周期短
经营委员会团队	委员会型	完成公司"十四五"战略规划 完成公司2020年度经营计划制订工作 建立年度经营计划实施管理体系	任务复杂，周期长

（2）利用 QQTC 模型匹配衡量指标。前文已经提到，如果工作任务不能量化衡量，就会对团队工作效率产生影响。因为针对一项任务，团队每个人的理解是不同的，因此团队负责人要学会找到可以衡量团队任务的对应指标。

根据我们的经验，对一项工作任务的衡量一般可以从 4 个维度进行，即数量、质量、时间、成本，简称 QQTC 模型，如图 9-3 所示。

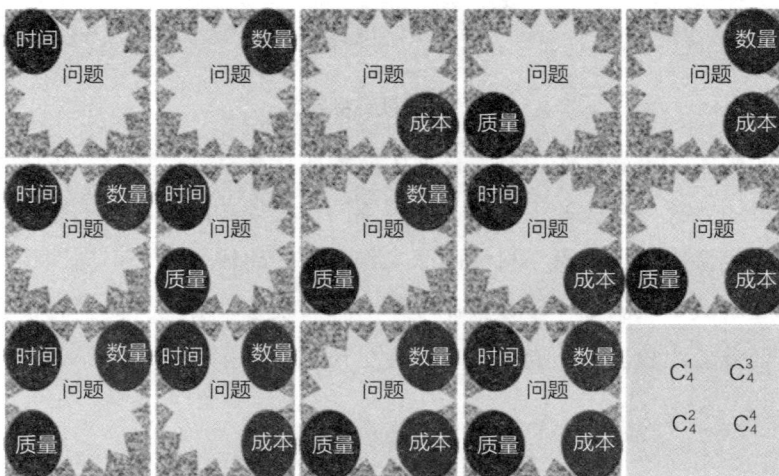

图9-3 QQTC模型

Q（Quantity，数量）：即在规定条件下完成工作的数量。数量纬度的指标，一般采用个数、时数、次数、人数、项数、额度等表示。如新客户开发数量、新客户年度销售收入、新产品销售收入、A类合格供应商数量、员工年度平均培训时数等。

Q（Quality，质量）：即在规定条件下完成工作的质量。质量纬度的指标，通常采用比率、评估结果、及时性、满意度、准确性、达成率、完成情况、合格率、周转次数等表示。如原料交检合格率、客户满意度、订单准时交付率、流动资金周转次数、人均产值、人均利润、财务账务处理准确率等。

T（Time，时间）：即在规定条件下完成工作的时间。时间纬度的指标，通常采用完成时间、批准时间、开始时间、结束时间、最早开始时间、最迟开始时间、最早结束时间、最迟结束时间等表示。如薪酬体系发布时间、月度财务报表编制完成时间、年度产品研发路线图发布时间、年度经营计划正式发布时间等。

C（Cost，成本）：即在规定条件下完成工作所耗费的成本。成本纬度的指标，通常采用费用额、预算控制等表示。如采购成本控制、销售费用控制、人工成本、物料消耗等。

（3）确定每项指标对应目标。工作任务每项指标对应目标的确定需要遵守迈克尔·A.韦斯特提出的8个标准（见图9-1），既需要企业高层与团队负责人相互认同，更重要的是团队成员也要认同。

【案例9-2】深圳信睿生物科技不同类型团队工作任务衡量指标及目标

接【案例9-1】，以下是我们对深圳信睿生物科技不同类型团队工作任务衡量指标识别，具体见表9-2。

表9-2　深圳信睿生物科技不同类型团队工作任务衡量指标及目标

团队名称	团队任务	衡量指标	对应目标
人力资源团队	完成现代企业人力资源管理体系搭建	人力资源管理体系建设计划达成率	>95%
		人力资源管理体系有效性评价	>90分
	完成公司人力资源"三支柱"（HRBP、SSC、COE）建设	员工对人力资源"三支柱"的满意度	>80分

续表

团队名称	团队任务	衡量指标	对应目标
P20新产品研发团队	完成P20产品立项前市场调研工作	P20产品市场调研报告完成时间	3月15日前
		P20产品市场调研报告质量	>95分
	完成P20产品研发、试产、量产、上市准备工作	P20产品立项时间	3月31日前
		P20产品研发计划达成率	100%
		P20产品试产合格率	>85%
		P20产品量产合格率	>97%
	完成P20产品生命周期管理	P20产品销量	>20万件
		P20产品利润贡献	>4500万
W10产品批量质量事故处理团队	完成W10产品批量质量事故处理	W10产品批量质量事故8D报告输出时间	4月5日前
		W10产品批量质量事故处理满意度	>85分
	以W10产品批量质量事故为基础，完善公司《批量质量事故处理流程》	《批量质量事故处理流程》发布时间	4月30日前
经营委员会团队	完成公司"十四五"战略规划	"十四五"战略规划发布时间	8月1日前
	完成公司2020年度经营计划制订工作	2020年度经营计划发布时间	1月1日前
		2020年度经营目标达成率	>95%
	建立年度经营计划实施管理体系	年度经营计划管理体系完成时间	3月15日前
		年度经营计划管理体系有效性评价	>85分

二、团队目标分解

德鲁克曾说，让员工自己思考目标，自己设定目标，实现自我管理，只有员工拥有充分的自主权，才能实现高绩效。马斯洛告诉我们，从工作目标达成中获得成就感，是人的内在需求。因此，当团队目标设定后，团队管理者需要思考如何将目标传达下去，并进行有效地分解。

为了让大家充分理解目标分解的重要性，我们用一个例子来说明。

【案例 9-3】舒乐博士目标分解案例

舒乐博士立志要在美国加州用玻璃建造一座举世无双的水晶大教堂。于是他向著名的设计师约翰森表达了自己的构想："我要的不是一座普通的教堂，我要在人间建造一座伊甸园。"

约翰森问他的预算时，舒乐博士坚定而明快地说："我现在一分钱也没有，然而 100 万美元与 400 万美元的预算对我来说没有区别。重要的是，这座教堂本身要具有足够的魅力来吸引捐款。"教堂最终的预算为 700 万美元。700 万美元对当时的舒乐博士来说是个超出了能力范围、甚至超出了理解范围的数字。

当天夜里，舒乐博士拿出一页白纸，在最上面写上"700 万美元"，然后又写下 10 行字：

（1）寻找 1 笔 700 万美元的捐款。

（2）寻找 7 笔 100 万美元的捐款。

（3）寻找 14 笔 50 万美元的捐款。

（4）寻找 28 笔 25 万美元的捐款。

（5）寻找 70 笔 10 万美元的捐款。

（6）寻找 100 笔 7 万美元的捐款。

（7）寻找 140 笔 5 万美元的捐款。

（8）寻找 280 笔 2.5 万美元的捐款。

（9）寻找 700 笔 1 万美元的捐款。

（10）卖掉 10000 扇窗，每扇 700 美元。

第 60 天后，舒乐博士用水晶大教堂奇特而美妙的模型打动了富商约翰·可林，他捐出了第一笔 100 万美元。

第 65 天，一位倾听了舒乐博士演讲的农民夫妇，捐出了 1000 美元。

第 90 天，一位被舒乐博士孜孜以求精神所感动的陌生人，在生日当天寄给舒乐博士一张 100 万美元的银行支票。

8 个月后，一名捐款者对舒乐博士说："如果你的诚意与努力能筹到 600 万美元，剩下的 100 万美元由我来支付。"

第二年，舒乐博士以每扇 500 美元的价格请求美国人认购水晶大教堂的窗户，付款的办法为每月 50 美元，10 个月分期付清。6 个月内，1 万多扇窗户全部售出。

最终，历时 12 年，可容纳 1 万多人的水晶大教堂竣工，成为世界建筑史上的奇迹与经典，也成为世界各地前往加州的人必去瞻仰的胜景。水晶大教堂最终的造价为 2000 万美元，全部是舒乐博士一点一滴筹集而来的。

在这个案例中，一个看似不可能完成的目标，在分解后让人看到了努力的方向，并在实现目标的路上适时调整，最终达成目标。这就是目标分解的价值。

一般而言，团队目标可以从三个维度进行分解，即时间维度、工作任务维度和责任主体维度。

（1）时间维度。团队目标短则需要两三个月，长则需要半年、一年，甚至更长的时间才能达成。为了保证目标可追溯和过程可控制，目标分解的第一个维度便是从时间维度入手，可以分解到月、周，甚至日。

（2）工作任务维度。一项工作任务对应一个或多个目标，每个目标实现的策略又可以分为多项，因此，按照工作任务对应策略对目标进行细化也是非常关键的。

（3）责任主体维度。责任主体维度比较好理解，就是每个团队成员都需要有明确的目标，正所谓"千斤重担人人挑，人人肩上有指标"。

三、团队目标实施

团队目标有效分解后，让团队管理者最关注和操心的事情莫过于如何让目标有效落地、达成。德鲁克的目标管理给我们提供了有益的启示，在本书里我给大家分享以下几个心得，如图9-4所示。

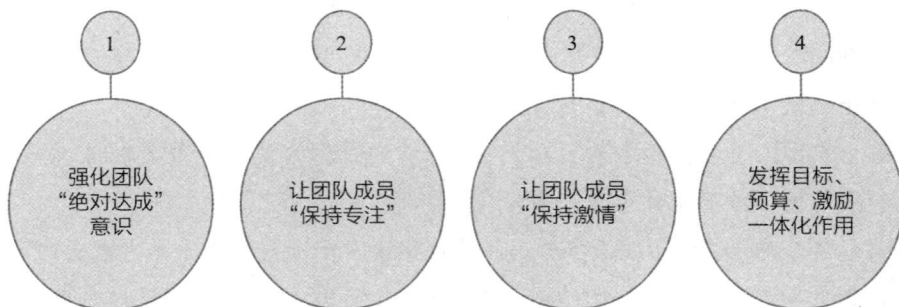

1	2	3	4
强化团队"绝对达成"意识	让团队成员"保持专注"	让团队成员"保持激情"	发挥目标、预算、激励一体化作用

图9-4 团队目标实施技巧

1. 强化团队"绝对达成"意识

达成首先是一种态度。什么是"绝对达成"？"绝对达成"需要对目标的达成持有一种毫无疑问的态度，"这次有进步""离目标就差一点点"都称不上是"绝对达成"。前些年在为企业提供全面质量管理（TQM）咨询服务时，经常会讲一个理念——"品质零缺陷"，几乎所有的管理者都无法接受。我给他们打了个比方，假如某妇产科提出保育室允许 1% 的缺陷率，那么出现保育员偶尔失手摔落婴儿也是可以容忍的吗？其实"绝对达成"就像我们每天早上按时上班一样理所当然。因此，把达成目标当"理所当然"，是达成团队目标的关键支点。

2. 让团队成员"保持专注"

管理者需要实时关注团队成员是否保持了对目标的专注，确保团队目标上下统一。在我们的建议下，我们所服务企业的总经理们很喜欢做一件事情，就是在公司经营检讨会议上突然问参会的各级管理干部："请告诉我你今年的主要目标有哪些？"或者请管理者们在一张白纸上默写下今年的目标。尴尬的是，很多时候管理者的回答不能让总经理们满意。这个测试显示了管理者们对目标的专注需要加强，公司的普通员工更是如此。

有一位父亲带着三个孩子到沙漠去猎杀骆驼。

到达目的地后，父亲问老大："你看到了什么？"

老大回答："我看到了猎枪，还有骆驼，还有一望无际的沙漠。"

父亲摇摇头说："不对。"

父亲以同样的问题问老二。

老二回答说："我看见了爸爸、大哥、弟弟、猎枪，还有沙漠。"

父亲又摇摇头说："不对。"

父亲又以同样的问题问老三。

老三回答："我只看到了骆驼。"

父亲高兴地说："你答对了。"

以上故事告诉我们，团队目标确定后，必须保持对目标的高度关注，与目标无关的事情一律忽略。

3. 让团队成员"保持激情"

管理者需要实时关注并调动团队成员实现目标的热情，尤其是面对具有挑战性的目标时。古时候边境外敌来犯，大将军沙场点兵出征前，皇帝都会通过举行出征仪式或誓师大会来鼓励战士们打胜仗，凯旋。商场如战场，出征仪式或誓师大会也成了很多企业对团队士气进行有效激励的常用手段。

4. 发挥目标、预算、激励一体化作用

当团队目标没有达成时，很多管理者会习惯于说，我们团队的文化不行、我们的干部能力不行、我们员工的执行力不够等，这些往往只是问题的表象。德鲁克说：目标管理就是一种承诺。其实每个管理者和员工都愿意做出承诺，每个团队都愿意为实现目标而不懈努力，可是为什么结果不好？

建议团队管理者从两个层面进行分析：

首先，是预算和资源问题。很多时候，预算和资源决定了团队的目标能不能实现。我们分析过非常多的团队都说自己的目标不能实现是市场的问题，或者是人的问题。但是如果预算不足的话，目标就一定实现不了。

其次，是激励问题。一般而言，我们建议在团队目标确定的同时，就需要考虑激励配套的问题。很多时候，管理者们没有花太多时间去关注这一点。我们一直很反对到团队工作结束后再来讨论团队绩效评价方案和奖金发放方案，这种激励效用是非常低的。

管理者应该清晰认识到"目标、预算、激励"三位一体才能让团队目标有效落地达成。

（四、）团队目标评价

在团队目标实施过程中，团队管理者需要建立团队目标动态评价机制，以确保目标执行不会出现偏差。团队需要定期对各项目标达成状况进行检讨和评价，这种评价既包括对团队的评价，也包括对团队成员的评价等不同层面的评价，其评价内容和评价周期可能会存在差异。

【案例9-4】深圳信睿生物科技客户订单9天达交率改善团队目标管理

由于市场竞争加剧，深圳信睿生物科技对客户订单交付周期的承诺被一再压缩。2019年该企业客户订单平均交付周期为20天，2020年年度经营目标确定为

9天。虽然公司为了达成这一目标做了大量的工作，但1～3月的实际结果并不理想，因此该企业委托我们成立专项工作团队来解决这一问题。团队成员来自销售部、计划部、采购部、质量部、生产部、仓储物流部等，目标是用3个月的时间，将客户订单9天达交率从目前的20%提升到90%以上。

这是一个典型的问题解决型团队，为了解决这一问题，团队成员首先对1～3月订单交付周期进行分析，如表9-3：

表9-3　深圳信睿生物科技客户订单交付周期分析

实际交货周期	9天交货	10～11天	12～13天	14～15天	16～17天	18天以上	合计
交货批数	12	7	13	20	7	1	60
占比	20%	12%	21%	33%	12%	2%	100%

可以看出，该企业80%的订单交付周期都是大于9天的，为了找出订单交付周期的影响因素，我们根据该企业订单交付流程对相关数据进行了拆解，如表9-4：

表9-4　深圳信睿生物科技客户订单交付周期现状及改善目标

流程节点	接单、转单	订单评审	物料请购	物料到货	来料检验	生产及物流	合计时间
平均耗费天数（现状）	0.5	1	1	6～10	0.5～1.5	2～5	11～19
平均耗费天数（改善目标）	0.5	0.5	0.5	3～4	0.5	2～3	7～9

从表9-4可以看出，该企业为了达到订单9天达交率改善目标，销售部、计划部、采购部、质量部、生产部、仓储物流部各自承担的改善目标。

为了确保改善过程做到可控，我们还专门规范了团队沟通渠道，具体见表9-5：

表9-5　深圳信睿生物科技客户订单9天达交率改善团队沟通渠道

沟通方式	参加人员	会议内容
项目周报	核心工作组	每周五下班前核心工作组编写周报，提报团队负责人审核后，发送给团队成员及公司相关领导
项目周例会	全体人员	每周六，团队负责人组织召开团队成员的工作讨论会议，对本周工作进行总结，对下周工作计划进行讨论确定
项目月度会议	全体人员	每月初，团队核心工作组对上月项目进行数据分析、总结，并讨论下个月工作推动计划
专题问题解决会议	核心工作组	团队工作在推动过程中涉及流程优化、专题会议研讨、需求调研沟通等工作由团队核心工作组组织实施

第十章

团队计划管理

先和大家分享一个故事：南极，从来都是用来征服的！

向往南极的旅行者都知道，在南纬 90 度有一个被命名为阿蒙森—斯科特站的科学实验站，这是为了纪念最早到达南极的两名探险家——挪威人阿蒙森和英国人斯科特。《世界上最糟糕的旅行》为我们揭开了这段充满着磨难、饥饿、英勇、探索、发现和友谊的旅行故事。为了征服南极，成为第一个登上南极之巅的团队，1911 年，挪威的阿蒙森（5 人）和英国的斯科特（17 人）各自率领一支探险队开始了南极探险之旅，一路上克服了许多看起来几乎不可能克服的困难。1911 年 12 月 16 日阿蒙森一行到达南极时，斯科特一行还在风雪冰原上艰苦跋涉。1912 年 1 月 16 日，斯科特等 5 人到达南极，比阿蒙森探险队晚了一个多月。更令人扼腕的是，当他们返回基地时，由于恶劣的天气，加上队员体力不支和食品匮乏，最终 5 人相继死去，为南极考察献出了宝贵的生命。

我们一起来复盘两个团队的探险之旅：两个团队都有一个非常伟大的探险家队长，都有一群目标明确、经验丰富、面对困难非常坚韧的队员，出发前资源都准备非常充分，但是斯科特团队为什么以悲壮的结局收场？我们试着从两个团队的差异中找原因。两个团队在物资准备、食品准备、路线选择、交通工具、行动计划中有很多不一样的策略。在团队目标完全一致的情况下，到底哪些因素导致了斯科特团队功败垂成？作者在书中给了很多分析和解读，我认为两个团队最大的区别就是从目标到行动计划的差别，比如阿蒙森坚持每天必须行进 30 公里，而斯科特团队则是每天根据线路情况，走走停停，有时候一天不动，有时候天气好些就多走几十公里，没有准确的行动计划。

阿蒙森和斯科特团队在每日"行动计划"上的区别，也许当时看起来并不是多大的事情，但是最终却成为了荣耀与悲壮的分水岭。

一、从目标到计划

曾担任美国管理学会会长的美国管理大师哈罗德·孔茨把计划置于五大管理职能之首。计划的重要性不言而喻，它之所以是管理的首要职能，就在于它要解决的是团队目标与资源之间的关系。计划就是寻找资源、不断实现目标的一系列行动组合。

我们经常说团队运营的本质就是对团队内外部资源进行最有效配置，最终达成目标。所以，当团队目标确定后，我们需要花更多的精力去思考实现目标的策略、路线、行动、资源配置等。我们在服务企业的实践中发现，这点被很多团队忽视。很多团队在做总体工作计划时，往往把主要精力放在确定总体目标上，而对实现目标的计划关注不足，到年底往往会发现目标无法达成。陈春花教授在中国企业领袖2018年年会上分享的观点"目标可以不合理，但是实现目标的计划必须合理"就是在提醒我们计划的重要性。

团队管理者若能够花更多的时间思考、制订计划，至少有以下作用：

首先，思考计划是对未来行动的预先筹划，有助于团队管理者和团队成员做到未雨绸缪，从而减少外部环境变化的冲击和不确定性带来的影响。

其次，管理者制订计划时，从事前协调中可以及时发现协同中的浪费和冗余，通过明确团队的努力方向、进度、关键节点、里程碑等，有效协调团队成员的各种活动，减少重叠性和浪费性的资源配置。

最后，计划制订后，也给团队管理者进行过程控制提供了依据与标准。管理者通过过程控制判断团队成员行动和团队目标是否一致，能够进行及时纠偏、调整，同时也方便调整资源配置，最终达成团队目标。当然，许多时候团队管理者也会将计划执行情况作为对团队成员的评价手段。

那么在团队实践管理过程中，需要制订哪些计划？如何制定计划？计划又如何能有效落地，进而最终达成团队目标？我们总结了20个字——"分类制订、近细远粗、执行反馈、定期调整、顺延滚动"。接下来我们将一一阐述。

图10-1所示是团队计划制订原则。

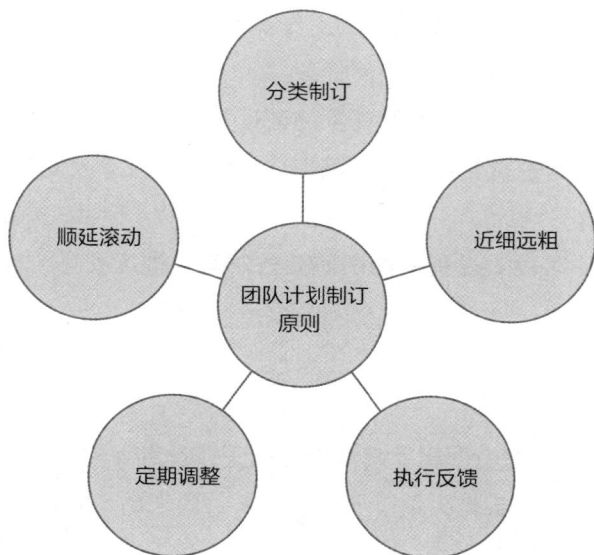

图10-1　团队计划制订原则

二、团队计划制订

俗话说，战略是做对的事情，计划是把对的事情做好。能否制订一份靠谱的计划是管理者是否胜任的先决条件。前文提到制定计划时要遵循"近细远粗"原则，是指战略型计划、年度计划可以相对"粗"些，但是日常运营计划和专项计划在制订时颗粒度不宜太粗，原则上每项任务不超过一周。

计划是管理者为了如期达成预定的目标，对工作任务、具体工作事项、步骤及每一步的时间进度、衡量指标、费用预算和执行人员等做出的统一有序安排。要想有效制订团队计划，团队管理者需要掌握"三个要点"和"五个步骤"。

"三个要点"是指在制订团队计划之前，必须明确：

（1）计划的主题是什么，即要做什么事？

（2）计划完成后的境界（状况）怎样，即计划的最终目标（预定目标）是什么？

（3）计划有哪些资源限制和预算？

"五个步骤"是指团队计划制订的工作步骤：

（1）明确计划的最终任务、中间任务。

（2）理清主要中间任务、最终任务的逻辑关系，即先后顺序。

（3）依据任务的逻辑关系理清产品形成过程（阶段）及其输入、输出、责任单位或责任人。

（4）确定每一阶段（过程）的所需完成时间、进度安排（起始日期）、预算和衡量指标。

（5）编制计划甘特图。

【案例 10-1】江苏恩特厨具品牌推广团队工作计划

江苏恩特为了推广品牌，专门成立了一个团队来完成此项工作。其中一项工作就是团队想拍一个广告片，并准备在中央电视台《回家吃饭》栏目进行播放。

我们先识别下这项工作任务的"三个要点"：

（1）主题是厨具电视广告制作。

（2）预定目标是 2020 年 6 月 30 日前完成厨具电视广告片拍摄。

（3）预算资源限制是费用 400 万以内。

然后，我们再来看看这项工作任务的"五个步骤"：

（1）明确计划的最终任务、中间任务。

最终任务与最终目标是有区别的。最终任务指的"是什么"，而最终目标除了指出"是什么"外，还有其他要求（如时间、数量、质量等）。厨具电视广告制作这件事，最终任务是电视广告片，最终目标是 2020 年 6 月 30 日前完成合规、优秀电视广告片一个，其中"2020 年 6 月 30 日前完成"为时间要求，"一个"为数量要求，"合规、优秀"是指广告片的质量既要符合中央电视台广告评审标准，同时在内容、形式、立意方面表现优秀。

那么，电视广告制作的中间任务又有哪些？广告主题、广告公司、广告表现形式等均是其中间任务。中间任务是最终任务形成过程中必要的过程任务，一般是最终任务的组成部分，如上述的广告主题、广告表现形式；但也可能是其他，如上述的广告公司。

（2）理清主要中间任务、最终任务的逻辑关系，即先后顺序。

我们通过表 10-1，对比两个方案：

表10-1　不同任务顺序对比

任务顺序	1	2	3	4	5
方案一	广告主题	广告公司	广告脚本和表现形式	广告拍摄	电视广告片
方案二	广告公司	广告主题	广告脚本和表现形式	广告拍摄	电视广告片

通过两个方案对比不难看出，中间过程任务逻辑关系的确定直接影响最终产品的品质。若采用上述方案二，则选择广告公司的依据是什么？这样可能会因为广告公司而影响广告主题的表现，最终影响电视广告片的完成时间及品质。所以，最终目标的达成很大程度上是由中间任务的达成状况决定的。

（3）依据任务的逻辑关系理清产品形成过程（阶段）及其输入、输出、责任单位或责任人。

电视广告制作计划的过程（阶段）可分为：广告主题的形成过程、广告公司的选择过程、广告表现形式的制定过程、电视广告片的拍摄过程。广告主题形成过程的输入是产品及其销售目标，输出是广告主题，责任单位是团队自己；广告公司选择过程的输入是广告主题和费用，输出是广告公司，责任单位是团队自己；广告表现形式制定过程的输入是广告主题和费用，输出是广告表现形式，责任单位是广告公司；电视广告片拍摄过程的输入是广告表现形式和费用，输出是电视广告片，责任单位是广告公司。

（4）确定每一阶段（过程）的所需完成时间、进度安排（起始日期）、预算和衡量指标。

（5）将上述内容填入行动计划表中，绘制计划甘特图，如表 10-2。

表10-2　计划甘特图

计划名称	厨具电视广告制作团队工作计划			负责人					预算限制	400万以内
目标	2020年6月30日完成一个厨具品牌电视广告片							其他限制条件	无	
实施步骤内容		完成标志	时限	月进度安排					负责人	预算（万元）
				1	2	3	4	5	6	
1	主题制定									
1.1	草案制订	完成时间	2月10日							
1.2	评审	时间	2月12日							

续表

计划名称	厨具电视广告制作团队工作计划			负责人			预算限制	400万以内
2	广告公司选择							10
2.1	征集、调查	3～5家	3月20日					
2.2	评审	时间	4月21日					
3	广告脚本方案初稿提案							40
3.1	初稿评审	时间	5月10日					
3.2	广告脚本方案修改稿	时间	5月16日					
3.3	评审	完成时间	5月31日					
3.4	修改、定稿	时间	6月1日					
4	广告拍摄							300
4.1	剪辑、配音	完成时间	6月28日					30
4.2	广告片评审	时间	6月30日					10

令许多管理者苦恼的是，他们所处的环境是经常变化的，而环境动态变化一直都是管理者制订计划的影响因素。那么在这种情况下如何制订靠谱的计划？此时管理者还能遵循"近细远粗"的原则吗？恰恰相反，在一个不确定的环境中，管理者应该制订更具体、详细、但又不乏灵活性的计划。这句话看似有些矛盾，应该如何理解？我们从以下几个角度剖析：

首先，在环境的动态变化过程中，如果不制订计划，团队管理者和团队成员很难达成共识。因为面对多变的环境，管理者和团队其他成员很难确保路线统一、进度统一，所以管理者们更应该通过计划避免行动跑偏。

其次，计划制订得越详细，就会越接近执行的最小单元，团队成员对计划的掌控能力就会越强。管理者需要对环境变化保持警觉，关注计划关键任务，及时对计划实施路径做出调整。

当然，管理者在制订计划时常易犯一些错误，我们把制订计划中常见的错误归纳如下：

（1）计划式计划：这句话乍看是个病句，怎么理解？我给大家举个例子，最近某研发团队压力很大，因为新产品开发经常延期，影响了公司经营发展，公司责令项目管理室牵头成立一个项目组解决开发项目延期问题。项目管理室主任想了一天，感觉问题很多，没有头绪，又迫于第二天要向公司交差，无奈就草草列了个项目改善计划。计划主要内容如下：第一步，通过调研了解公司开发项目延期存在什么问题（1周）；第二步，组织各部门拟定针对性的改善计划；第三步，组织各部门按照计划认真实施等。可想而知，这样一个计划如向公司领导汇报会有什么结果！

（2）方向性的计划：很多管理者在制订计划时，尤其是改善型工作计划，不经意间会用"加强""严格""提高""大力""强化""尽量""积极""全力以赴""竭尽全力"等词，这是典型的把想法当成了计划。团队的流程制度总是无法落地，难道用一个"严格按照流程制度执行"就能万事大吉？很显然这种计划是无效的。

三、团队计划实施

执行力是国内企业管理者反复强调的，这也从侧面反应出计划实施其实面临很多问题和挑战。

谈到计划实施，一定绕不开"变化"这个词。许多管理者会习惯性感叹"计划赶不上变化"，这也是许多企业管理者不太重视计划的原因。尤其是随着国内经济结构调整和下行压力增长，"不确定性"甚至成为了2019年度关键词。

那么，在团队计划实施过程中，到底应该如何看待计划中的变化呢？其实理性分析一下，商业环境的变化，从来不是不打招呼就来的，一定会有某种预兆。我们之所以对变化显得惊慌失措，和团队对所处环境变化的敏感性不够有关，和准备不足有关。

比如2020年初爆发了新冠肺炎疫情，复工后，我们有不少客户经营业绩失速很明显，企业经营管理者长时间处于应激焦虑状态中。但是也有不少客户转危为机，经营业绩增速显著，这是因为他们面对经营环境的突发性变化保持了很好的环境敏感度、准备度、应变力。

当然，为确保团队计划有效实施，除了善于应对变化外，我们还需要避免以下几个误区（见图10-2）：

图10-2　团队计划管理误区

1. 认为计划无法 100% 完成

团队成员如果一开始就认为计划不可能 100% 完成，能完成 80% 就不错了，那么最后它真的就只能完成 80%；与其这样，我建议不如直接设一个 80% 的计划就好了，还可以避免破坏公司文化和团队氛围。因为团队计划涉及多个环节，需要有效的上下协同。假定某团队是一个订单交付团队，团队主要任务是从接到订单到组织采购、生产，最终发货满足订单等全过程推动，每个环节都有特定的计划要求，其中任何一个计划执行出现问题，都会影响订单满足，同时也会造成其他环节的"管理"库存。更要命的是长此以往，其他环节排计划时就会逐步考虑余量，由此就产生了典型的"牛鞭效应"，会给企业造成大量浪费。

2. 计划制订时团队成员参与不充分

许多时候由于任务紧张，制订行动计划时更多体现的是团队负责人的想法和要求。这种制订计划的模式，在任务比较简单或者团队负责人计划能力很强时不会有很大的问题。但是如果团队任务比较复杂，团队其他成员没有充分讨论好行动计划，匆匆忙忙地接到任务就干，很容易适得其反。我们进行抽样调查发现，计划如果采取的是自上而下的方式下达，有近 3/4 的受访者表达了抱怨，认为团队计划只是一份文件，实际工作中会被忘得干干净净。

3. 计划执行中的调整和反馈机制不足

全世界人都很佩服犹太人的经营之道，就像佩服中华民族的勤劳一样。犹太人的经营哲学中有一句话："目标刻在石头上，计划写在沙滩上。"这句话是提醒管理者计划在执行过程中要有调整机制。在服务咨询企业实践中，我们经常会对管理初学者讲"授权来自计划，信任来自汇报"，意思就是计划下达并传达给团队成员后，计划对管理者而言是一种授权，就像放风筝一样，管理者需要实时掌握计划执行进度；但更重要的是团队成员需及时反馈计划执行过程中碰到的障碍。因为计划是一种上司对下属的授权，更是一种下属对上司的承诺。分项计划执行过程中，当出现了可能对整体计划产生影响的问题时，团队成员一定要及时和管理者沟通，否则，管理者对团队成员的授权和信任都将大大降低。

第十一章

团队沟通管理

沟通是人与人之间分享信息、交流思想、交流情感的过程。这种过程不仅包含口头语言和书面语言，也包含形体语言、个人习气、物质环境等能赋予信息含义的任何东西。

当然，随着 5G 技术的快速发展，人际交流的手段和方法，速度和体验都是日新月异，特别是线上直播的兴起，让"一对多"这种沟通形式变得极其便捷。苹果手机的全球新品发布会、巴黎时装周新品发布会，甚至欧洲冠军联赛或者世界杯足球比赛，瞬间就可以传遍世界的各个角落，做到与现场无时差、无太大体验差异。相信随着智能机器人的快速发展，未来人与人、人与设备、设备与设备、设备与人之间的种种沟通都将变成现实。

一、团队沟通障碍

可以说，在一个团队中沟通是随时随地都在进行的一项工作，团队负责人下达任务需要沟通、团队成员汇报工作需要沟通、工作成果确认需要沟通、好的创意需要沟通、工作产生冲突更需要沟通……总之，离开了沟通，团队工作会寸步难行。

当前，沟通形式也越来越多样化，钉钉会议系统、微信群聊、微信视频、微信语音、短信、电话、电子邮件、会议、书面工作报告等都是大家非常熟悉而且经常使用的沟通形式。

既然管理者是通过他人实现工作结果的人，那么管理者的沟通能力就显得非常重要了。因为沟通是管理者进行一切决策和计划的基础，也是组织和控制过程中必不可少的手段，更是建立和改善人际关系必不可少的条件。

在日常工作和生活中，大家往往会陷入一个误区，很多人认为夸夸其谈或者喋喋不休的人沟通能力比较强。其实不然。因为沟通一定是双向的，如果只是一个人在说，而其他人没有呼应和反馈，这样的沟通效果会很差。

通过图 11-1 我们可以看到，双方沟通的过程中，当信息发送者发出信息的时候，他必须对信息进行编码（可能是书面的，也可能是口头的）；当信息通过一定的渠道传递到接收者那里的时候，接收者必须对收到的信息进行解码，并根据自己的理解进行相应的反馈。值得注意的是，信息在编码、传递和解码的过程中都会因受到"噪声"的干扰而发生变异，我们把它称之为信息失真。下面我们通过一组具体的案例来分析信息失真的过程。

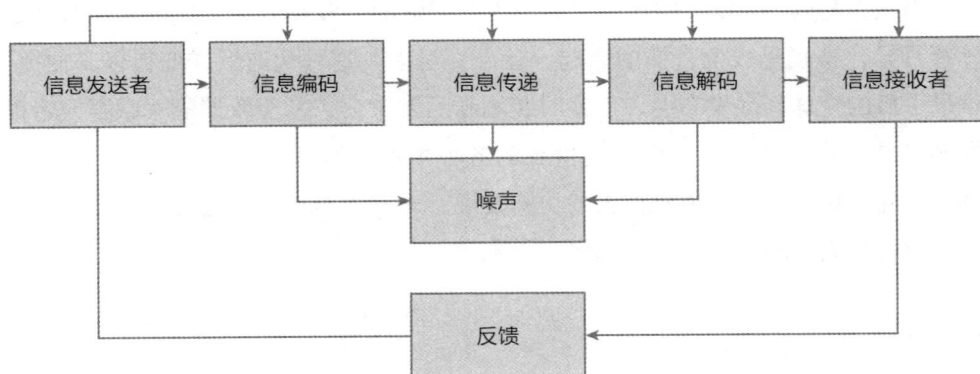

图11-1 沟通模型

【案例11-1】信息传递失真案例（表11-1）

表11-1 信息传递失真案例分析

上司的原话	上司的真实意图	下属的理解
小马，那个报告写好后，请给我，我需要它	那个报告对我很重要，请在写完的第一时间拿给我	停下手上的所有工作，现在就去写那份报告
小张，继续努力，我想你会成功的	虽然这次没做好，但我信任你，同时也相信你能做得更好	如果下次你再做不好，我就会开除你
小张，我真的希望你在工作上能够再投入一些	你在工作上的投入远远不够，我希望你能够花更多时间和精力将工作做好	其实你现在做得还是不错的，只不过我希望你能够再认真一点

我们把团队沟通中经常面临的障碍归结如下，如图11-2所示。

1. 沟通意愿障碍

沟通意愿不强是影响团队沟通效率的最直接障碍，在团队沟通过程中经常会体现为"事不关己，高高挂起""你说你的，我做我的""懒得跟你说""跟你沟通好费劲"等现象。

2. 沟通语言障碍

在团队中往往会出现这样一种沟通场景，每个团队成员都按照自己的专业习惯和术语跟对方进行交流，如软件人员用软件语言，硬件人员用元器件语言，测试人员用测试语言，团队负责人用管理语言，最终的结果是"鸡同鸭讲，谁也听不懂谁的"。

3. 沟通主体障碍

除了意愿障碍和语言障碍之外，如图 11-1 所示，任何沟通都存在信息发送者编码，信息接收者解码的问题。如果信息发送者编码时信息过多就会导致信息接收者无法全部接收，或者分不清信息主次和紧急程度；如果信息发送者编码时信息不足，又可能导致信息接收者无法准确理解，甚至曲解。另外，如果信息接收者过多，也会造成信息失真，不同的信息接收者即便得到同样的信息也会由于个人性格、偏好、对信息感兴趣程度等的差异，对信息解码出不一样的结果。

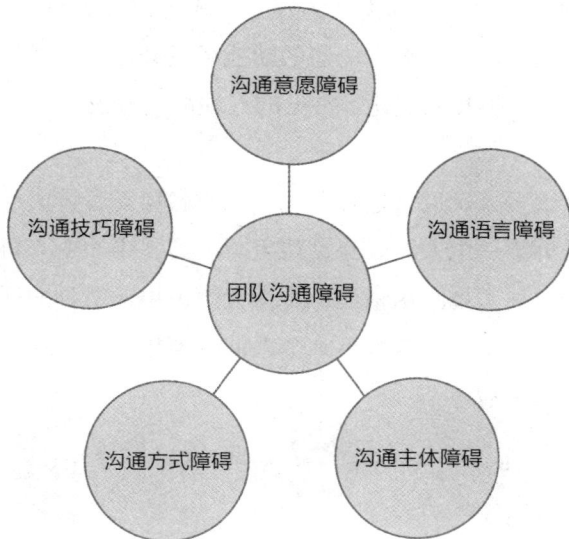

图11-2　团队沟通障碍

4. 沟通方式障碍

沟通方式有很多，不同的沟通方式有各自的特点和优劣势，在不同的沟通情境之下，相同的信息也会得到不一样的结果。比如现在很多人用微信沟通时，常常会用"呵呵"两个字。"呵呵"代表什么意思呢？可能表示同意，可能表示不同意，可能表示嘲讽，可能表示无话可说，可能表示不屑，也可能表示不想说了，还有可能什么也不表示。

5. 沟通技巧障碍

在团队沟通中是有很多技巧的，诸如建立沟通制度、学会倾听、即时反馈等，如果沟通双方不能熟练掌握这些沟通技巧，也很有可能造成沟通无效。

二、团队沟通类型

作为管理者，在与团队成员进行沟通的过程中，应最大化地减少信息失真，而要做到这一点，选择合适的沟通方式就显得十分重要。根据组织系统划分可以分为正式沟通和非正式沟通；根据沟通信息的流向可以分为上行沟通、下行沟通、横向沟通和斜向沟通；根据沟通的媒介形式可以分为口头沟通、书面沟通、非语言沟通、电子媒介沟通；根据沟通的功能可以分为工具式沟通和感情式沟通等。图 11-3 至图 11-7 为我们描述了常见的五种沟通方式：

1. 链式沟通

传话游戏估计很多人玩过，这种游戏要求八名参与者排成一排，先由主持人把几句话悄悄地告诉第一个人，确保其他人听不到，第一个人再把听到的话悄悄地传给第二个人，以此类推，由最后一个人大声说出他听到的话。当第八个人最终说出答案时，往往与主持人告诉第一个人的内容相差十万八千里。

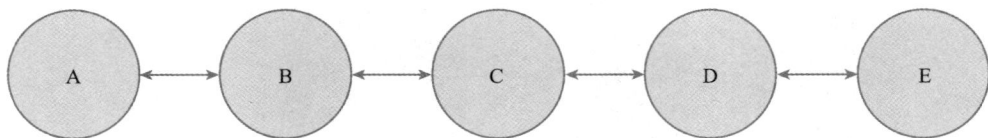

图11-3 链式沟通模型

这种游戏是一种典型的链式沟通，沟通内容会随着信息传递链条的拉长一步步失真，最后导致团队负责人的意图被曲解，工作无法开展。

2. X 型沟通

这种沟通模式是以 A 为核心，其他人仅跟 A 进行沟通与互动，然后由 A 再向其他人传递信息。

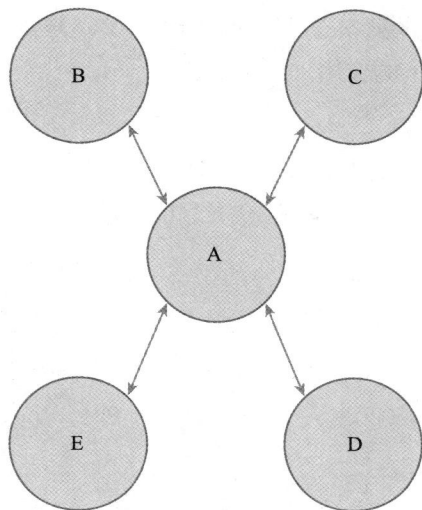

图11-4　X型沟通模型

X 型沟通方式的好处是信息传递速度快，沟通核心 A 的权威性突出；但这种方式最大的缺点是沟通对象之间信息被割裂，也存在不同成员由于理解上的差异导致信息失真的问题，同时成员之间很难高效协同。

3. Y 型沟通

这种沟通模式分为正 Y 型和倒 Y 型两种。正 Y 型是由两个或多个人同时与 1 个人沟通或布置工作，然后由这个人再去进一步传达给其他人；倒 Y 型是先由 1 个人对另外一个人传递信息，然后再由这个人对其他多个人传递信息。

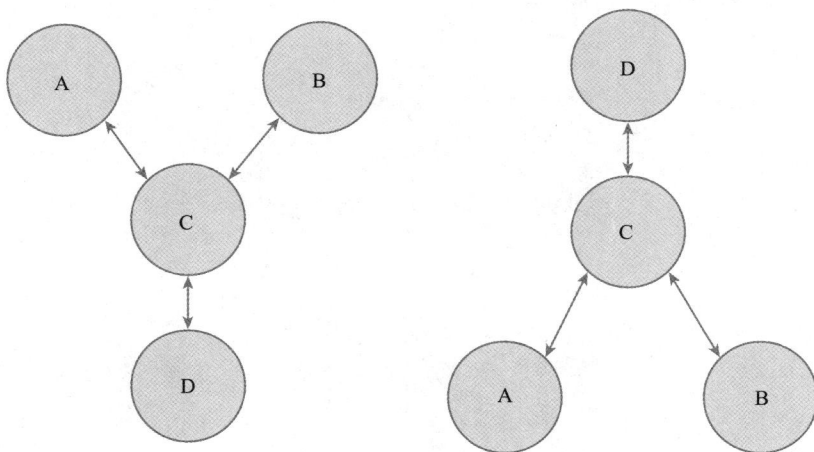

图11-5　Y型沟通模型

在 Y 型沟通中，不论是正 Y 型，还是倒 Y 型，角色 C 是核心，也是信息传递的关键，起到承上启下的作用。

4. 环式沟通

这种沟通模式从表面上来看是一个闭环，但其实与链式沟通没有本质差异，这种沟通模式同样存在链式沟通的信息失真的问题。

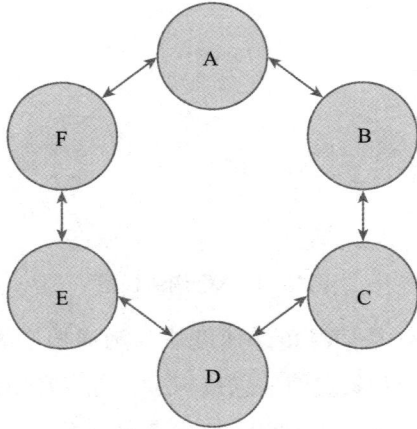

图11-6　环式沟通模型

5. 全通道沟通

这种模式适合多人沟通，在这种沟通模式中每个人都是平等的，而且任何两个人之间沟通都是畅通无阻的，这样就避免了信息失真。

这种沟通模式容易造成混乱，浪费时间，影响工作效率。

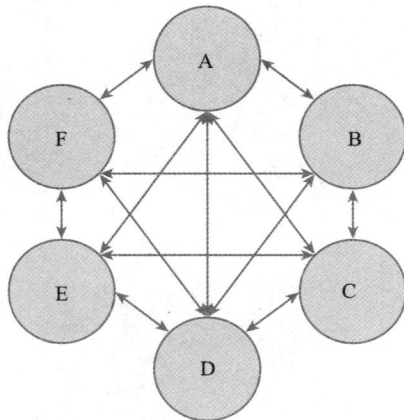

图11-7　全通道式沟通模型

常见沟通模式比较如表 11-2 所示。

表11-2 常见沟通模式比较

常见沟通模式	优点	缺点
链式沟通	结构严谨、规范	信息传递慢，容易失真
X型沟通	信息传递速度快，中心角色A控制力强，具有权威性	成员满意度和士气低
Y型沟通	中心角色C控制力强，具有权威性	信息传递慢，容易失真，团队士气不高
环式沟通	成员士气较高	信息传递慢，信息准确性较低
全通道式沟通	合作氛围浓厚，有利于集思广益，信息准确性较高	缺乏结构性，容易混乱，浪费时间，影响工作效率

三、团队沟通方法

既然团队沟通无处不在，又不可避免，那么选择最佳的沟通工具和方法就显得至关重要。常见的团队沟通方法有很多，在这里我们就简述团队会议、工作汇报和即时沟通三类（如图 11-8）。

1. 团队会议

对于任何组织来讲，会议都是重要的沟通方法，如计划会、协调会、研讨会、总结会、茶话会等对于一个团队而言，最重要的是开好三种会议：团队任务及目标确认会、团队运营策略研讨会、团队工作检讨会。

团队任务及目标确认会是团队成立之后最先要开的一个会，是要解决团队做什么及达到什么目标的问题。会上，由团队负责人先给所有成员讲清楚团队的核心任务以及总体目标，同时还要对团队目标进行层层分解，签订团队目标责任书。

团队运营策略研讨会解决的是团队成员如何做的问题。这个会可以分多次召开，会上可以鼓励团队成员各抒己见，充分发挥聪明才智，同时这个会议还要完成团队工作甘特图绘制，让每位团队成员都能清楚各自在团队整体工作中承担的工作任务及完成节点、交付成果等。

团队工作检讨会是用来检讨团队工作成果、处理工作异常的。这个会议可以通过晨会或晚会的形式召开，也可以根据团队工作特点按周、月、季召开，还可以根据突发情况随时召开，只要能够确保过程可控、异常处理及时就可以了。

2. 工作汇报

工作汇报也是一种有效的沟通方式。日报、周报、月报、季报、专项工作汇报都是可以采用的方法。一般来说，越具体的工作，汇报周期应该越短；宏观的工作，汇报周期可以适度拉长。但这也需要根据团队工作特点进行识别和规划。

3. 即时沟通

即时沟通是一种特殊的沟通方式，适用于紧急情况、特殊任务、特殊人物等。随着通信及沟通工具越来越便捷，即时沟通成了团队高效沟通的保障。常用的走动沟通、利用即时沟通工具沟通都是非常好的方法。

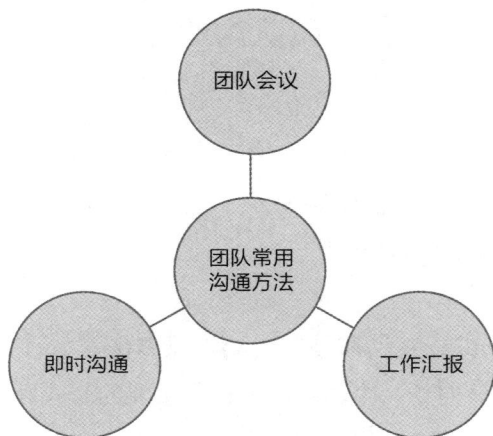

图11-8　团队常用沟通方法

四、提高沟通效率

顺畅的沟通渠道和正确的沟通方法是提高团队沟通效率的基础。根据多年的实践，我们将提高团队沟通效率的方式归结为如图11-9所示五点。

```
  (1)        (2)        (3)        (4)        (5)

建立沟通     规范沟通     端正沟通     完善沟通     强化沟通
  制度       语言        态度        渠道        反馈
```

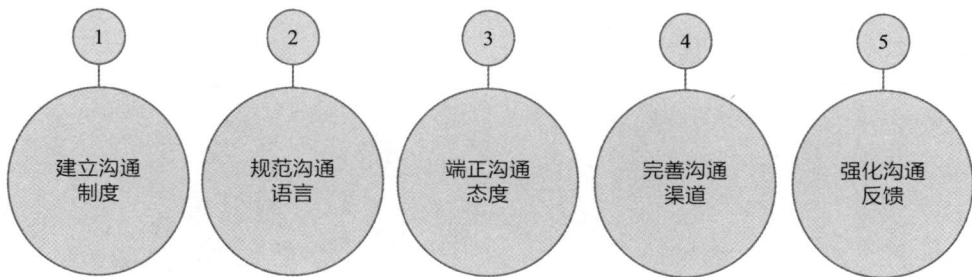

图11-9　团队沟通效率提升方法

1. 建立沟通制度

为了提升团队沟通的规范性，团队负责人可以在团队内部建立沟通制度，明确沟通内容、具体要求、沟通反馈机制等。

2. 规范沟通语言

我们都知道，秦始皇统一六国之后，为了实现统一管理，他统一了货币、文字和度量衡，让天下书同文、车同轨。团队管理也是一样的道理。团队成员往往具有不同的企业背景、职业背景和专业背景，如果一开始不能统一沟通语言的话，就很有可能造成前文所说的"鸡同鸭讲，谁也听不懂谁"的现象。因此，为了提升沟通效率，团队负责人需要在团队内部建立统一的沟通语言。

3. 端正沟通态度

团队内部有些人恃才傲物，有些人自以为是，有些人喜欢在会上叽叽喳喳，有些人喜欢会后议论，有些人夸夸其谈，有些人沉默寡言……但不论是哪种人，在与他人进行沟通时都应该保持一颗坦诚的心，表露出合作的诚意，同时还要学会倾听，不要随意打断别人的话，也不要在沟通过程中觉得与己无关就开小差；另外，还要积极回应，充分表达自己的看法和思想。

4. 完善沟通渠道

前文已经提到，团队沟通的渠道有很多，但并不是每种沟通渠道都适合任意团队，团队需要根据自己的实际需求规划和识别。

5. 强化沟通反馈

有效的沟通一定是双方的，而且是有即时反馈的，如果是单向沟通，很有可能就会演变成枯燥、乏味的说教或者一方简单、粗暴地向另一方发号施令。另外，如果没有沟通反馈，还可能导致信息失真、工作不能有序开展等隐患。

第十二章

团队冲突管理

彼得·圣吉曾经说过：在伟大的团队中，冲突也是卓有成效的。言论自由、思想碰撞对于创造性思维至关重要，因为没有人能够独立找到新的解决方案。

团队冲突指的是两个或两个以上的团队或团队成员在目标、利益、认识等方面互不相容或互相排斥，从而产生心理或行为上的矛盾，导致抵触、争执或攻击事件。

在现实中，很多管理者害怕团队产生冲突。其实，冲突是工作的一部分。当团队成员在一起工作的时候，必然会产生很多分歧和差异。另外，管理者在实施管理的过程中，不可避免会遇到各种各样的冲突：人际处理会产生冲突、资源分配会产生冲突、权力分配会产生冲突、信息不畅会产生冲突、时间分配会产生冲突、管理决策会产生冲突、价值观不同也会产生冲突……总之，管理者每时每刻都身陷不同的冲突之中，所以说，学会处理冲突是管理者必备的技能之一。因为虽然没有人喜欢冲突，但有人的地方就有冲突。

一、团队冲突来源

团队冲突的来源有很多，冲突发生的时间、地点和人群可能也是随机的。冲突不仅仅存在于团队成员之间，也可能存在于团队成员与团队外部利益相关者之间。另外，冲突可能产生于团队任务执行过程中的任何一个时间点。

比如，一个8人的团队，团队内部成员之间就存在几十种相互关系，这些关系之间就有可能产生冲突；另外，一个团队会与其他职能部门、团队客户、团队供应商等外部利益相关者发生关系，因此也会不可避免地产生冲突。

既然冲突是自然存在且不可避免的，这就要求团队负责人及团队成员对冲突有一个客观的认知，同时还要具备及时发现冲突、有效解决冲突的能力。在我们身边有很多团队负责人往往忽视冲突，甚至不敢正视冲突、逃避冲突，最终导致冲突不断发酵升级，乃至无法解决。如果我们能在冲突发生的早期及时发现它并加以解决，冲突的破坏性就会大大降低。

当然，大家千万不要狭隘地认为冲突都是有害的，都有碍于团队任务完成和团队目标实现。其实有些冲突在鼓励讨论、辩论和团队创新能力的发挥方面有着巨大的推动作用。因此，我们将团队冲突分为建设性冲突（又称良性冲突）和破坏性冲突（又称恶性冲突）两种。

1. 建设性冲突

建设性冲突是指冲突双方目标一致，但在目标实现的途径手段、资源分配、责任主体认定、工作时间安排、沟通和信息传递等方面因意见不一致而产生的冲突。建设性冲突可以使团队中存在的不良功能和问题充分暴露出来，防止事态的进一步演化；同时还可以促进不同意见的交流和对自身弱点的检讨，有利于促进良性竞争。

2. 破坏性冲突

破坏性冲突是指由于认识上的不一致、目标不清楚、目标不一致、团队资源争夺和利益分配不均等造成的矛盾，或由于团队成员之间、团队成员与外部利益相关者之间发生相互抵触、争执甚至人身攻击等行为而产生的冲突。破坏性冲突容易造成团队资源的极大浪费和效率低下，导致团队凝聚力严重降低，从根本上妨碍团队目标的顺利完成。

表 12-1 是建设性冲突与破坏性冲突对比。

表12-1　建设性冲突与破坏性冲突对比

冲突类型	建设性冲突	破坏性冲突
特点	冲突双方对团队目标认同 双方愿意了解彼此的观点，并以争论问题为中心 双方冲突的目的是为了寻找较好的方法解决问题 可以促进组织内部与小组间公平竞争，提高组织效率 防止思想僵化，提高组织和小组决策质量 有利于团队创新能力发挥	双方极为关注自己的观点是否取胜 双方都不愿听取对方意见，而是千方百计陈述自己的理由，抢占上风 造成团队成员心理紧张、焦虑，导致人与人之间相互排斥、对立，削弱团队战斗力 极易导致团队成员相互推卸责任 常常演变成人身攻击 对团队氛围造成伤害

二、团队冲突类型

迈克尔·A.韦斯特将团队冲突分为三种类型：与团队任务有关的冲突（如"我们团队的目标是不是太高了""我们的工作任务太不明确了""我们究竟该做哪些工作"等）、团队工作过程的冲突（如"我们应该先做哪些事情""这是他的工作，不应该由我来做""我没有时间去做计划安排的事情"等）、人际冲突（如"我不喜欢跟这种人在一起沟通""由于他的失误导致我被上司训了一顿""我认为你是一个特别无能和低效的人""交给你的工作我总是不放心，因为你总是有头无尾"等）。

根据多年的实践总结，我们将团队冲突类型归结为以下八种（见图12-1）。

1. 目标冲突

目标冲突往往体现在两个方面：其一是对目标的高低不认同，导致团队成员积极性不高；其二是团队内部未进行清晰的目标分解，导致团队成员对目标的认识不清，各自为政，很难协同。

2. 理念冲突

每个人的职业背景不同、受教育程度不同、人生观不同，当一群人组成一个团队的时候，首当其冲产生的就是理念的碰撞甚至冲突。关于这一点，团队负责人在甄选团队成员的时候就要注意，不要将理念明显不合群的人选进来；同时在塑造团队文化的时候，也要做好团队理念的宣导和教育；另外，在团队实际工作推进的过程中，也要做好监督和评价。

3. 资源冲突

团队目标的实现需要配置相关的资源，如人力资源、财务资源、信息资源等。一旦涉及资源的分配，就会产生团队之间争夺资源、团队成员之间争夺资源、企业资源不充分等问题。比如说，成立研发团队的时候，每个团队都期望从职能部门调取最优秀的人；再比如说，每个团队都希望最大化地得到公司高层的支持等。

4. 责任冲突

在团队任务完成过程中，总会遇到分不清责任的问题，要么责任空白，要么责任重叠。当出现异常情况的时候，难免会产生责任难以界定、问责难以实施的问题。本书第四章专门就团队分工与责任划分进行过阐述，在此不再赘述。

5. 计划冲突

团队任务顺利完成有赖于完善的计划体系，如团队任务整体推进计划、团队成员个体工作计划等，这些计划如果不能有效支撑，就很有可能出现计划之间不协调的情况，导致有些计划项目过早完成，而有些计划项目延迟完成，最终造成总体计划滞后，这就是我们所说的计划冲突。

6. 时间冲突

一个团队成员可能手头上同时处理几项工作，一个团队负责人的工作时间可能随时会被打断，这就难免产生虽然计划是明确的，时间安排也是合理的，但在执行过程中由于计划执行人的时间安排不当等原因造成工作无法有序开展。

7. 利益冲突

每个人都有争取自己利益最大化的权利，当然这里所说的利益既包括物质层面的，如工资、奖金、津贴等，也包括精神层面的，如优秀员工、团队标兵等，还包括个人成长方面的，如职位晋升、轮岗等。如果员工的利益没有得到满足，或者员工觉得自己的所得与付出不成比例的时候，利益冲突就出现了。利益冲突可能会导致员工懈怠、出工不出力、士气低落等。因此，团队负责人要密切关注并重点解决此类冲突。

8. 人际冲突

人际冲突不仅存在于团队内部，可以说只要有人类活动的地方就存在人际冲突。人际冲突是指两个或多个人之间由于意见不同而产生的紧张状态。人际冲突可能是言语上的争吵，也可能升级到肢体上的行为。消除人际冲突并建立和谐的人际关系对提高团队凝聚力意义重大。

从前面提到的八种冲突来看，前六种冲突通常是建设性的，积极引导和有效解决往往有利于团队工作开展和目标达成；而利益冲突、人际冲突则通常是破坏性的。利益冲突轻则导致员工消极应付工作，重则导致人心不稳，让团队始终处于动荡期，很难有效发挥价值；而人际冲突轻则冲突双方互不理睬，影响局部的工作和目标，重则双方拳脚相加，水火不容，造成团队工作无法开展，团队目标也就无法实现。

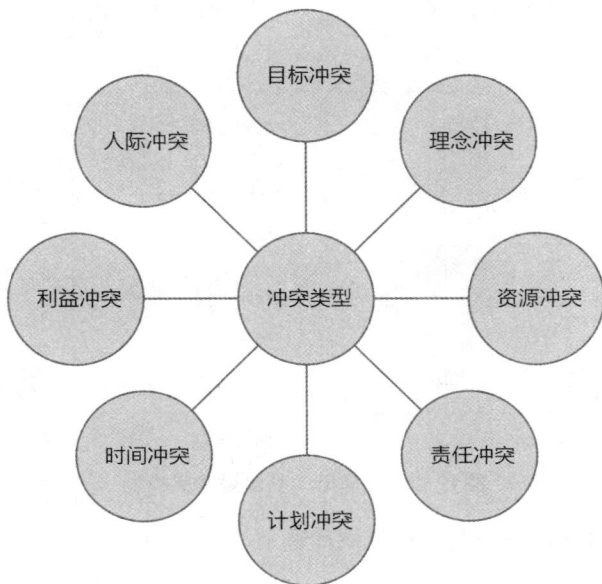

图12-1　团队冲突类型

三、解决团队冲突

正如前文所说，冲突不全是坏事，它能暴露团队存在的问题，促进问题的公开讨论，增强团队活力，刺激良性竞争。从某种意义上讲，冲突是团队创新的重要源泉。孔子曰：君子和而不同，小人同而不和；孟子云：无敌国者，国恒亡也。冲突只是发展、变化或创新带来的副产物。

1. 托马斯·基尔曼冲突模型

关于团队冲突的解决，托马斯·基尔曼冲突模型给我们提供了一个非常直观的解决方法。它从两个维度对冲突解决进行思考：第一个维度为坚持与不坚持，指的是对自己的关心程度，即是否坚持自己的观点或行为不肯放弃；第二个维度为合作与不合作，指的是对他人的关心程度，即对冲突的对方是否能够采取宽容、合作的态度，如图 12-2 所示。

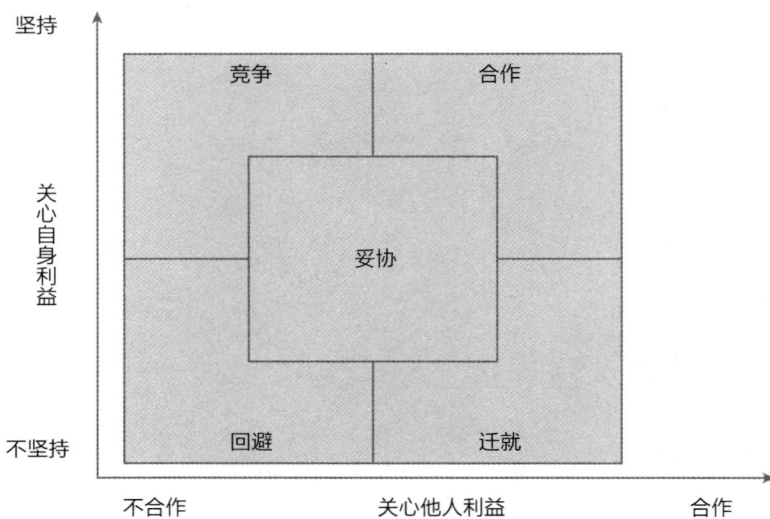

图12-2　托马斯·基尔曼冲突模型

表 12-2 所示的是托马斯·基尔曼冲突解决策略对比。

表12-2　托马斯·基尔曼冲突解决策略对比

冲突策略	特征	适用冲突
竞争	高度坚持且不合作	情况紧急，需要做出快速、决定性的行动时 在需要采取非同寻常行动的问题上 在团队利益至关重要的问题上，并且知道自己是正确的 必须采取快捷、果断行为的紧急情况下 对手拥有非竞争性优势时
合作	高度坚持且高度合作	为共同的利益谋求一致的方案时 需要集思广益、依赖他人时 用不同的观点把团队思想统一起来时 通过达成一种共识而建立相互信任时 处于感情关系的考虑时 需要向对方学习时
妥协	中等坚持且中等合作	双方力量旗鼓相当时 暂时化解冲突，防止问题复杂化 时间紧迫，采取权宜之计 在坚持与合作不成功的情况下作为一种补充

冲突策略	特征	适用冲突
回避	不坚持也不合作	有更重要的问题需要解决时 当问题似乎是其他问题的附带问题时 别人能够更有效地解决问题时 使人冷静下来并收回观点时 当收集信息比做出一个直接决策更重要时 当问题不相干或总是出现时 当冲突的解决弊大于利时
迁就	不坚持且保持合作	发现自己错了时 为维护团队声誉、减少损失时 当一方与对方有差距时 所要解决的问题对别人更重要时 当和谐和稳定特别重要时 为以后的冲突建立信誉时

2. 迈克·布伦特、菲奥娜·爱尔莎·丹特"冲突解决七步法"

在迈克·布伦特、菲奥娜·爱尔莎·丹特的《团队赋能》一书中，两位教授提出了"冲突解决七步法"模型，如图 12-3 所示。

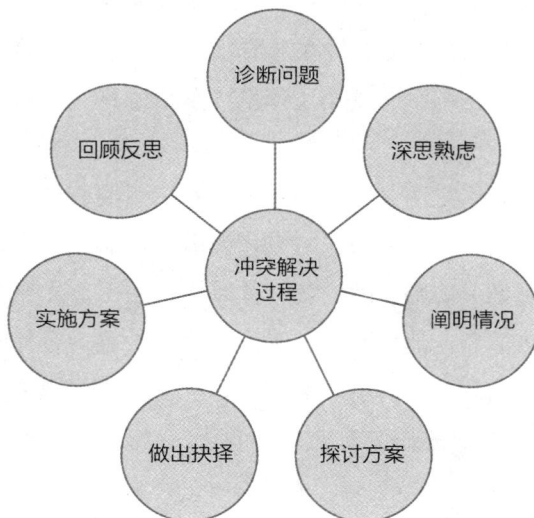

图12-3 冲突解决七步法

（1）诊断问题。这时候团队冲突已经初露端倪，作为团队负责人需要及时发现并准确做出判断，确认冲突是建设性的还是破坏性的。

（2）深思熟虑。不论是建设性冲突还是破坏性冲突，团队负责人都要认真分析，搞明白冲突的根源，并且承认既然冲突已经发生，就必须出面加以解决。

（3）阐明情况。团队负责人利用调研、提问、倾听、测试等手段和方法，对团队冲突进行全面、准确地阐述。

（4）探讨方案。有些冲突是团队成员就可以解决的，有些冲突是团队负责人出面才能调和的，但不论采用哪种解决方式，组织冲突双方共同探讨解决方案都是必不可少的。

（5）做出抉择。在全面掌握了冲突情况，并且已经有了明确的解决思路的前提下，当机立断做出抉择，是合作、妥协，还是竞争、回避、迁就。

（6）实施方案。做出抉择后，就要按照既定的抉择和决策组织实施，并随时观察和了解解决方案是否有效，评估实施方案是否成功。

（7）回顾反思。任何一个冲突的解决都不容易，哪怕是团队成员之间一次小小的争吵都可能给双方造成心理上的巨大伤害。因此团队负责人要及时对冲突及冲突解决结果进行回顾和反思。

3. 詹姆斯·塔姆、罗纳德·鲁耶特团队冲突解决五项技能

詹姆斯·塔姆、罗纳德·鲁耶特在《成功合作之道：消除防卫心和建立合作关系的五项根本修炼》一书中，提出了团队内部消除冲突、有效合作的五项技能（见图12-4）。

（1）合作意图。合作意图是解决冲突的前提。只要团队成员都本着有利于团队目标实现，有利于团队任务完成，有利于团队氛围和谐去看待冲突，冲突就变得容易解决。在詹姆斯·塔姆、罗纳德·鲁耶特看来，合作意图的核心在于团队成员不要自我设置防卫心。他们指出，为了提高化冲突为合作的效率，保持不防卫是你要做的最重要的事情。防卫心对于良好的团队氛围来讲是一剂毒药，在冲突中，防卫心就像是水中的血之于鲨鱼，这儿一点，那儿一点，很快就会引来鲨鱼疯狂的攻击。

（2）坦诚。在人与人相处的过程中，信任水平在很大程度上是由说过的实话数量决定的。说实话是坦诚的最直接表现，如果一个人总是说假话，他就很难取信于人。坦诚也是化解团队冲突的最有力武器，如果冲突双方都能坦诚相待，即便是再大的冲突也能找到合理的解决办法。

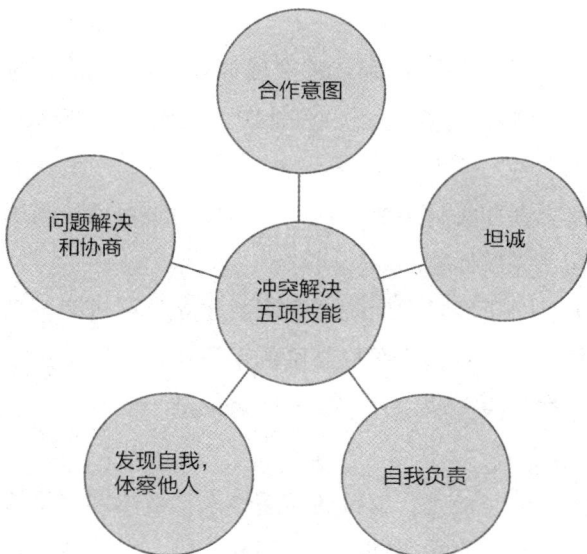

图12-4 团队成功合作五项技能

（3）自我负责。冲突一旦发生，最常见的就是双方互相指责。但在詹姆斯·塔姆、罗纳德·鲁耶特看来，相互指责不是解决冲突的办法，唯一的办法就是冲突双方先从自身检讨做起，看看是不是自己的问题、是不是自己的责任、是不是自己的工作做得不够完美、是不是自己的沟通方式有问题、是不是自己对待对方的态度有问题等。

（4）发现自我，体察他人。站在自己的立场看待别人的缺点和问题，很容易将别人的缺点放大，将别人的问题想得很严重，最好的办法是站在别人的立场去看待自己的缺点和问题，并且对别人给予理解和体察，这样冲突解决就会变得简单。

（5）问题解决和协商。在合作意图、坦诚、自我负责和发现自我、体察他人的基础上思考冲突解决的方法。

4. 把冲突当成问题来解决

在本人的拙作《不懂解决问题，怎么做管理》中，笔者提出问题解决的四个核心步骤：发现问题、分析问题、解决问题、杜绝问题。这种解决问题的思路同样适用于团队冲突的解决。

（1）发现冲突。及时发现冲突端倪，是解决冲突的第一步。读者可以参照《不懂解决问题，怎么做管理》一书中提到的问卷调查、绩效分析、现场观察、结构化访谈等手段及时发现团队冲突。

（2）分析冲突。前文已经提到，冲突随时随地都可能发生，冲突类型也很多，团队负责人可以利用思维导图、鱼骨图、逻辑树、5W2H 等方法进行冲突分析。

（3）解决冲突。在冲突解决的过程中，需要明确目标、明确计划、明确责任人、明确完成时间及完成标志。

（4）杜绝冲突。对于经常发生的冲突需要建立杜绝机制。当然，对于建设性冲突，不但不能杜绝，而且还应采取鼓励的手段让这些冲突重复发生。

当然，除了上述解决方法之外，我们还可以结合团队自身实际，选择其他简单有效的解决方式。

（1）冲突双方交涉与谈判。解铃还需系铃人，解决冲突最快、最有效的方法就是冲突双方坐在一起，心平气和地去交涉和谈判，最终达成双方认可的解决办法。当然，这种解决办法不能以牺牲团队利益为前提。

（2）第三方仲裁。选择第三方仲裁也是解决冲突的一种有效方法。冲突双方委托的第三方，有可能是职能部门，也有可能是团队指定的非利益相关者，还可能是团队指定的利益相关者，如团队客户、团队供应商等。

（3）团队负责人裁决。对于冲突双方确实无法坐在一起沟通解决的，只好交由团队负责人来最终裁决，毕竟团队负责人是站在团队利益的高度考虑问题的。

（4）冲突预防。其实解决冲突的最好方法就是预防冲突的发生，这需要团队负责人有过人的能力。

当然，对于冲突的处理方法还有很多种，如做"大馅饼"法、滚木法、交易法、减轻代价法、目标升级法、搭桥法、谈判法、调解法、权威法等。

面对如此多的方法，团队负责人需要根据不同的冲突类型和冲突的激烈程度选择使用。但在使用过程中，必须坚持冲突解决的三大核心原则：其一，防止大规模破坏性冲突的发生；其二，使已经发生冲突的潜在损失最小化；其三，充分利用现有冲突可能带来的好处。

四、难搞的团队成员

团队冲突往往是由一些特殊的成员引起的，因此，掌握这些特殊成员的管理方法不但可以减少团队冲突发生的频次，还会降低团队冲突解决的难度。表12-3是不同类型下属及管理办法。

表12-3　不同类型下属及管理办法

员工类型	管理办法
功高盖主的员工	看到他们在工作中做得好的地方，就一定不要吝啬对他们的夸奖 让他们享有功劳，甚至可以将功劳让给他们 用更高的标准去激励他们
有个性的员工	尊重员工的个性 懂得去引导他们，让他们认同团队目标、做事风格、文化以及其他成员 表示对他们的信任，做到恰当授权 适才适岗
脾气暴躁的员工	表扬他们在工作中做得好的部分，建议他们将工作中不太满意的部分做得更好 在他们发脾气的时候暂时回避，甚至采用故意低声的方式缓和局面 理解他们的想法或情结，用委婉的语言提出试探性的问题，找到真正的原因 鼓励他们自己来做决定 尽可能安排一些可自主完成的工作
平庸的员工	重视他们的意见 加强感情上的交流 为他们制订个人发展计划 定期帮助他们总结
追求完美的员工	兑现你的诺言，因为他们敏感而且容易受到伤害 遵循规章制度办事情，不要突发奇想或者有任何越轨行为 更细致、更精确、更理智 从正反两个方面分析工作计划的优劣 工作中充分发挥他们的务实精神

员工类型	管理办法
有后台的员工	不要回避他的身份，从一开始就直接提出要求，给他压力和鼓励 在表扬的时候，要注意分寸 在批评的时候，一定要做到公正 用团队的凝聚力吸引他，让他融入团队，成为团队的一员 出现难以解决的问题时，争取从他的靠山那里寻求突破
爱找茬的员工	事先与他们商量，让他们有参与感，沟通时尽量用"咱们" 开诚布公地请他们发表反对意见，给他们一个倾诉的机会 如果这种态度影响到其他员工，就要直接指出来，给他压力；但是不要做人身攻击，以免两败俱伤
光说不干的员工	找适当的时间与其沟通 可安排难度较大的工作 请他做团队的培训讲师
团队中的"小人"	杀鸡给猴看 分而治之 以其人之道还治其人之身 化敌为友

第十三章　团队情商管理

情商是指在对自我及他人情绪的知觉、评估和分析的基础上，对情绪进行成熟地调节，以使自身不断适应外界变化的一种调适能力。

早在 1990 年，哈佛大学教授彼得·萨洛维和新罕布什尔大学教授约翰·迈耶就率先以情感智力描述对一个人成功至关重要的情感特征，主要包括同情心、表达和理解情感、控制个人脾气、独立能力、适应能力、讨人喜欢、人际关系的处理能力、持之以恒、有爱、仁慈、尊重他人等。

到了 1995 年，美国哈佛大学心理学教授丹尼尔·戈尔曼首次提出了情商的概念。他认为情商是一个人重要的生存能力，是一种发掘情感潜能、运用情感能力影响生活各个层面和人生未来的关键品质因素。戈尔曼甚至认为，在人的成功要素中，智力因素是重要的，但更为重要的是情感因素。戈尔曼认为情绪智商主要包含五个方面，即自我了解、自我认知、自我激励、识别他人情绪、处理人际关系（见图 13-1）。

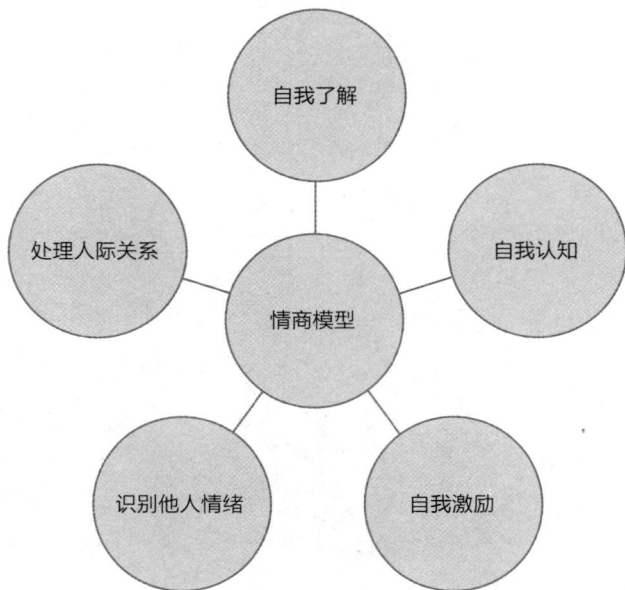

图13-1　丹尼尔·戈尔曼的情商模型

这些年大家更多关注个人情商的研究和应用，但越来越多的研究发现，情商在团队发展过程中同样发挥着极其重要的作用，由此也就产生了团队情商。

一、团队情商影响因素

团队情商不是简单地将团队成员的情商叠加起来，更不是将团队负责人个人的情商放大，而是团队所有成员情商资源和能力的综合表现。研究表明，一个团队的成功，20%在于团队智商，而80%在于团队情商。

我们将影响团队情商的因素归结为以下四个方面（如图13-2）：

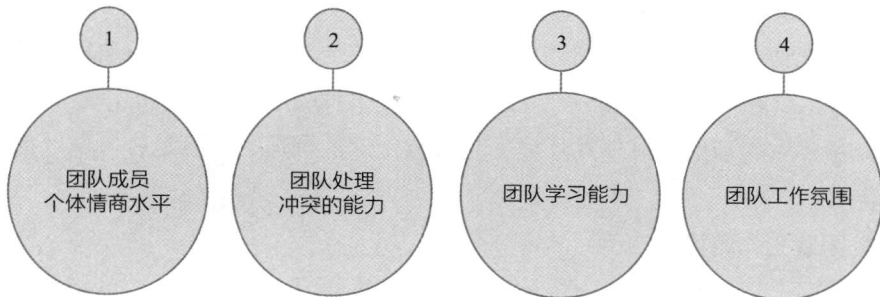

图13-2　团队情商影响因素

1. 团队成员个体情商水平

团队是由不同的个体成员组成的，团队与其成员之间实际上处于一个互动的信息交换系统之中。团队成员个体情商水平直接影响团队情商的高低。如果团队成员情商水平都较低，动辄乱发脾气，情绪低落，毫无斗志，那么很难想象这样的团队在面临外部挑战时能士气高昂，对外界变化做出迅速的调整。当然，团队负责人的情商水平对团队整体情商水平的影响会更大一些。有些团队负责人喜欢将自己的喜怒哀乐写在脸上，对脾气控制能力弱，人际交往能力不强，不懂得尊重团队成员，这些都有可能导致团队整体情商水平降低。

2. 团队处理冲突的能力

前文已经提到，只要有人的地方就存在冲突，只要有工作的地方就存在冲突。当团队需要对外界环境进行适应时，就是由于团队赖以生存和发展的环境与外部现实环境之间发生了冲突，产生了不协调的情况。团队冲突是客观存在的，是不以人的意志为转移的。由于不同的价值观念、习惯认同、文化习俗等同时并存于一个团队，又或者团队内部缺乏顺畅的沟通机制、组织结构上存在功能缺陷等，冲突以各种各样的形式存在于每一个团队之中。虽然冲突对团队发展的影响具有双重性，即破坏性和建设性，但如果这一团队缺乏有效管理冲突的能力，那么，不但建设性的冲突可能会向破坏性的冲突转化，而且原本就属于破坏性的冲突可能会对团队产生致命的打击，直接威胁团队的生存。不论是建设性冲突转化为破坏性冲突，还是破坏性冲突持续恶化，我们认为都是团队情商低下的具体表现。

3. 团队学习能力

这里强调的团队学习能力是团队对新知识、新观念、新事物的理解能力、吸引能力和整合能力。一个团队要具备高情商，就是要做到迅速适应外界变化，而这在很大程度上源于较强的团队学习能力。尤其是在科技发展瞬息万变的知识经济时代，成功终将属于那些能够更快速、更有效地思考、学习、解决问题和采取行动的团队。通过学习形成一种开放的氛围，一种随时应对变化的准备，在努力提高自身素质的基础上对外界环境变化进行正确的调适，只有这样团队才能更具竞争优势。

4. 团队工作氛围

积极向上、乐于奉献、崇尚创新的团队氛围更有利于团队情商的提升。试想一下，如果团队整体工作氛围是压抑的、死气沉沉的，久而久之团队成员的情绪也会随之消沉，在这种状况下团队情商也会被抑制。

二、个体情商影响团队情商

对比不同情商水平的个体行为特征，我们不难发现，如果团队成员个体情商处于较低水平或者超低水平的话，整个团队就会变得乌烟瘴气，团队成员之间相互指责、乱发脾气、推卸责任，团队中到处弥漫着负能量、人际关系错综复杂，这势必影响团队整体情商水平。相反，如果团队成员个体情商水平大都处于较高水平或者超高水平的话，团队内部又会呈现出另外一种状态：团队内部目标清晰，团队成员之间和睦相处、相互尊重，每个人都能将自己的工作做到最好，即便是遇到外部压力和客户指责，大家也是勇于承担责任并努力改善。这样的团队一定是成功的团队，这样的团队也一定是高情商的团队。

可以看出，一个团队是否有战斗力，能否圆满完成团队任务及目标，在很大程度上取决于团队所有成员的总体情商水平，而不可能仅仅依靠某个或某几个优秀团队成员的力量。团队个体总体情商高，团队质量就高；相应地，团队个体总体情商低，团队质量也就低。因此，可以得出这样的结论：团队情商决定团队质量。表 13-1 是不同情商水平的行为特征对比。

表13-1　不同情商水平的行为特征对比

情商水平	行为特征
超高情商	自动自发、目标远大、情绪控制自如、自我认知清晰、人际关系处理娴熟、有极强的压力承受能力、自信、乐观、认真对待并做好每一件事情
较高情商	拥有自我意识、心理承受能力强、能够进行自我调节、积极乐观与人相处、能够揣测他人动机心理、有较好的人际关系
较低情商	自己目标不清晰、易受他人影响、能应付较轻的焦虑情绪、把自尊建立在他人认同的基础上、人际关系一般
超低情商	无明确目标、缺乏自信、自我意识差、严重依赖他人、说话和做事时从不考虑别人的感受、经常乱发脾气、人际关系差、充满负能量、爱抱怨、怕承担责任、逃避现实

三、打造高情商团队

对于团队情商的提升，马晓晗在《高情商团队》一书中提出了五种法则，分别为认知法则、沟通法则、柔情法则、激情法则和诚爱法则。

当然，我们也可以按照以下几种方式培养和打造一支高情商团队（见图13-3）：

1. 让团队使命成为每个人的信仰

团队成员情商低无非几种原因：所处团队缺乏正能量、缺乏使命感、愿景不清晰……这些都是外因。当然也有诸如员工个人成长环境、家庭背景、受教育程度等员工自身的原因。根据我们的经验，在高情商团队打造的过程中，不妨在明确团队使命、愿景的前提下，让团队成员把它当成自己的一种信仰。因为有了这样的信仰，员工就会变得充实，就会觉得自己的工作有价值，而不是一遇到挫折和困难就想到抱怨、推脱和逃避。

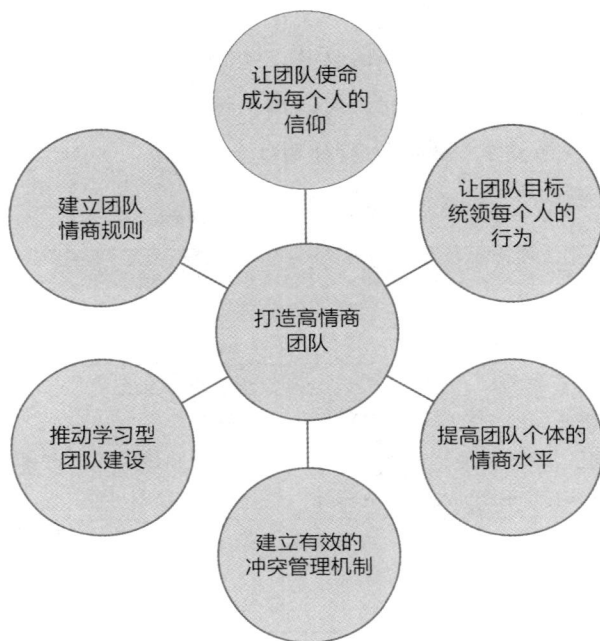

图13-3　打造高情商团队

2.让团队目标统领每个人的行为

目标对人的引导作用是不言而喻的。据统计，有超过27%的人完全没有目标，超过60%的人曾经思考过自己的目标，10%的人认真思考过自己的目标，只有不到3%的人认真制订自己的目标，并严格按照目标去努力工作。如果团队成员没有明确的目标，很可能会由于困境和挫折而放弃努力，同时其他团队成员的情绪也会由于他人的放弃而受到影响。要记住，目标远大且清晰是影响一个人情商的重要因素。

3.提高团队个体的情商水平

团队情商实际上是团队成员个体情商磨合后的一种综合体现。要提高团队情商，应从提高团队成员的个人情商开始。对于个人而言，虽然先天性格或多或少会影响到情商的高低，但这种影响并不是绝对的，通过后天有意识的努力，可以从根本上提高情绪调节能力。团队成员要提高个人情商，首先应建立乐观的生活态度，遇事坦然，自信自强；其次，应及时解除自己的心理枷锁，如自卑、压抑等，一旦发现自己被这些心理枷锁套住时，应及时寻找解锁的方法，如向自己信任的长辈、朋友倾诉，听取他们的意见或建议等；再次，应宽以待人，严以律己。宽以待人意味着要有博爱的胸怀，能包容他人的缺点和个性；严以律己意味着要增强自律，凡事都能理性思考，不凭冲动行事。

4. 建立有效的冲突管理机制

有效的团队冲突管理机制有四个方面的特征：其一，它管理团队内部或团队之间冲突的成本较低；其二，它具备顺畅的信息传递通道，使冲突各方能迅速掌握真实的第一手资料，从而有针对性地提出冲突管理方案；其三，它有清晰的冲突管理流程，当发生冲突时有关部门或人员都清楚应遵循怎样的程序去管理冲突，享有什么权利或应承担什么责任；其四，它还应具备预见性，针对潜在的冲突能提前采取措施防患于未然。

5. 推动学习型团队建设

团队情商简而言之就是团队对外界环境的调适能力。如果团队已意识到外界发生了变化，却无法采取行动进行调适，其主要原因在于团队缺乏调适能力。要提高团队调适能力，关键在于增强其接受新知识、新观念和新事物的能力。一个有效的途径就是建立学习型团队，这也是提高团队情商的根本途径之一。不会学习的团队在竞争激烈的环境中将面临致命危险。学习型团队是通过在团队内部建立完善的学习机制和知识共享机制，从而使团队具备持续的发展动力和创新能力。学习型团队不仅有利于团队成员提升个人的知识资本，而且有利于团队形成整体的竞争优势，从而达到双赢的最佳境界。

6. 建立团队情商规则

过去，管理者对提高团队业绩的研究大多集中于分析一些成功团队的工作方式，如员工在工作中的相互合作、积极参与以及对制定的目标做出承诺等。管理者似乎认为，一旦确定了这些工作方式并加以模仿，就会取得与成功团队相同的业绩。但是，事实并非如此。研究表明，促进团队成功的基本条件主要包括三方面，即团队成员之间的相互信任感、团队归属感以及团队成就感。如果缺乏这三方面条件，团队成员之间的参与和合作仍有可能，但是却无法达到团队应有的绩效，因为团队成员不会全心投入到团队工作中去。团队成功的三方面基本条件事实上就是团队情商的内容，因此，团队必须建立起一套情商准则，通过准则指导团队成员建立相互信任、归属感以及成就感。

第十四章

团队授权管理

过去我们实施管理的过程中，"控制"和"命令"是两大法宝。但在进行团队管理时，特别是对虚拟团队、委员会型团队、跨功能型团队进行管理时，我们会发现这两大法宝很难发挥作用。团队管理更重要的是信任的建立和维系。如果我们仍需使用"控制"这一方式，控制的对象应该是"信任"本身，而不是团队成员工作过程。因此，团队的管理体系和管理思维都是围绕着信任并在信任的基础上通过适度授权来展开的。

一、团队授权理论

德国著名政治经济学家和社会学家，被后人尊称为"组织理论之父"的韦伯认为，任何组织都必须以某种形式的权力作为基础，没有某种形式的权力，任何组织都不能达到自己的目标。在人类社会中存在三种为社会所接受的权力（如图 14-1 ）：

（1）传统权力：传统惯例或世袭得来。

（2）超凡权力：来源于别人的崇拜与追随。

（3）法定权力：法律规定的权力。

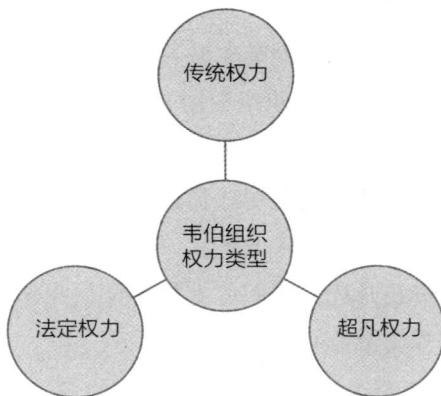

图14-1 韦伯组织权力类型

对于传统权力，韦伯认为人们对其服从是因为领袖人物占据着传统所支持的权力地位，同时，领袖人物也受传统的制约。但是，人们对传统权力的服从并不是以与个人无关的秩序为依据，而是在习惯义务领域内的个人忠诚。领导人的作用似乎只是为了维护传统，因而效率较低，不宜作为行政组织体系的基础。

而超凡权力的合法性完全依靠对领袖人物的信仰，他必须以不断的奇迹和英雄之举赢得追随者。超凡权力过于带有感情色彩并且是非理性的，不是依据规章制度，而是依据神秘的启示。所以，超凡权力的形式也不宜作为行政组织体系的基础。

韦伯认为，只有法定权力才能作为行政组织体系的基础，其最根本的特征在于提供了慎重的公正，原因如下：

（1）管理的连续性使管理活动必须有秩序地进行。

（2）以"能"为本的择人方式提供了理性基础。

（3）领导者的权力并非无限，应受到约束。

有了适合于行政组织体系的权力基础，韦伯勾画出的理想官僚组织模式具有下列特征：

（1）组织中的人员应有固定和正式的职责并依法行使职权。组织是根据合法程序制定的，应有其明确目标，并靠着一套完整的法规制度组织与规范成员的行为，从而有效地追求与达到组织的目标。

（2）组织内部的结构是层层控制的体系。在组织内，按照地位高低规定成员之间命令与服从的关系。

（3）人与工作的关系。成员之间的关系只有对事的关系而无对人的关系。

（4）成员的选用与保障。每一职位根据其资格限制（资历或学历），按自由契约原则，经公开考试合格予以录用，务求人尽其才。

（5）专业分工与技术训练。对组织成员进行合理分工并明确每个人的工作范围及权责，然后通过培训来提高工作效率。

（6）团队成员的工资及升迁。按职位支付薪金，并建立奖惩与升迁制度，使团队成员安心工作，培养其事业心。

凡具有上述六项特征的组织，可表现出高度的理性化，其成员的工作行为也能达到预期的效果，组织目标也能顺利达成。韦伯对理想官僚组织模式的描绘，为行政组织指明了一条制度化的组织准则，这也是他在管理思想上的最大贡献。

二、信任是授权的前提

信任是授权的前提，建立授权体系需要遵守以下基本规则（见图14-2）：

1. 信而有情

授权给不应得到信任的人是一种失误，而在网络时代，更常见的失误是企图在纯粹的数字化中建立信任。例如，当你联系的对象都是数字化代码或单纯的电邮地址，你怎么能给予对方信任呢？这可能是网络经济中的最大悖论：组织的虚拟程度越高，人们对人情味的需求就越强烈。

2. 信而有限

无限的信任和授权既不现实，也不合理。组织对团队成员的信任其实是一种信心，即对成员能力的信心，以及对他们执行目标决心的信心。要想做到这一点，必须对组织进行重新建构。比如改变过去任务层层分派下达的安排方式，转而建立任务封闭式的独立工作单元，这种形式可以最大程度释放信任和自由。

3. 信而有学

为实现最大程度的信任和授权而建立的封闭式工作单元，如果跟不上市场、客户和技术的变化，对整个组织会造成巨大损失。因此，这些单元的员工必须时刻紧跟变化，并形成一种不断学习的文化。这对团队的人力资源政策其实也形成了挑战：一旦招聘来的人员不具备这种经常性的学习心态，则无法实现及时的知识和能力更新，最终将迫使组织收回信任。从这个意义上说，信任也是残酷的。

4. 信而有约

对一个追求实现商业目标的团队而言，信任和授权不仅是一种主观行为，更应该和契约联系在一起。在给予团队成员信任和授权的同时，要保证该成员肩负的目标和整个团队目标一致。这就要求信任和契约相辅相成。

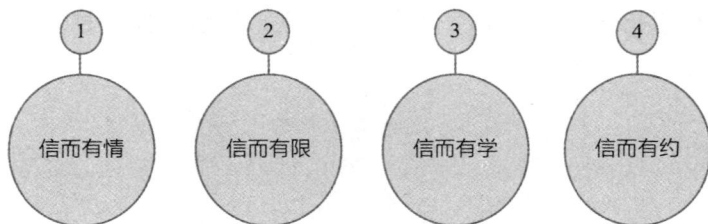

图14-2　信任与授权的关系

团队中的人们不仅是在各种社会关系下共事，他们在一起是为了完成一项工作。这与他们要扮演的角色种类有关。工作角色可以定义为个人在团队内要完成的任务或担负的责任。个人在团队中的角色表明了其在工作关系中要作出的贡献。

本书第四章在进行团队分工的时候，通过定义团队任务、明确团队任务逻辑关系、明确团队流程与协作、明确团队组织与分工，可以将团队任务层层分解到每一个角色。团队授权的基础就是每一个团队角色，只有让每个团队角色明确自己的责任和权利，并结合团队激励体系的作用，才能真正做到责权利对等。

三、团队授权原则

在团队内部，权限类型分为四种，分别为人事权、财务权、资源调配权及信息权。常见的人事权有人事任免权、员工考核权、奖金分配权、组织调整权等；常见的财务权有对外投资权、企业融资权、预算编制权、预算调整权、超预算修正权、成本控制权、费用审批权等；常见的资源调配权有办公类固定资产调配权、设备类固定资产处置权、生产类固定资产处置权、低值易耗品处置权、不良资产处置权、不合格产品处理权等；常见的信息权有财务信息知晓权、档案查询权、产品信息知晓权、合理化建议权、相关报表信息知晓权、经济合同评审权等。

权限层次分为提案权、一级审核权、二级审核权、审批权。为了提升团队效率并有效控制风险，对于简单的事项企业可以通过一级审批或二级审批方式进行；对于有些需要多人审批的事项，可以采用集体会审的方式。总之分权最好控制在两级，最多不要超过三级。

另外，在设计团队授权体系时，需要遵循以下原则（见图 14-3）：

1. 对某项审批环节授权，而非对整个事项授权

这是团队授权的第一原则。任何授权都会包括若干个环节和步骤，团队授权时需要针对授权事项涉及权限分配的具体环节和步骤进行授权。

2. 对角色授权，而非对人授权

很多团队在进行授权的时候，往往误认为是对具体某个人的授权，殊不知正确的授权方式是对角色（流程责任人、职能归属人）进行授权。

3. 就近授权，让听得到炮声的人去决策

授权一定要让最贴近业务实际的角色（流程责任人、职能归属人）进行决策，因为越接近业务实际就越有发言权，也更能准确、有效地进行决策。

4. 采用两级授权，最多不要超过三级

最有效的授权是两级授权，即对某项决策事项通过审核、批准进行授权。授权如果超过三级，甚至达到四级、五级的话，一定会影响运营效率。

5. 责权对等

授权可以改变相关责任人有责无权的状态，有利于调动相关责任人的积极性。但在实践中要防止有权无责或者权责失当的现象。有权无责，用权时就容易出现随心所欲、缺乏责任心的情况；权大责小，用权时就会疏忽大意，责任心也不会很强；权小责大，责任人将无法承担权利运用的责任，因此，授予多大的权利，就要有多大的责任，要求多大的责任就应该授予多大的权利。权利和责任要对等。

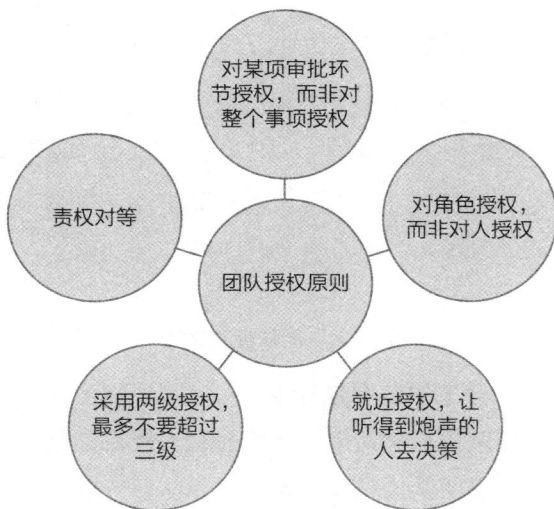

图14-3　团队授权原则

四、团队授权技巧

团队授权在实施过程中往往会存在由于授权内容不清晰、授权机制不健全、授权监督不到位，而造成的授权流于形式、授权失控等现象。因此，在团队授权过程中要注意以下技巧的使用，图14-4是团队授权技巧。

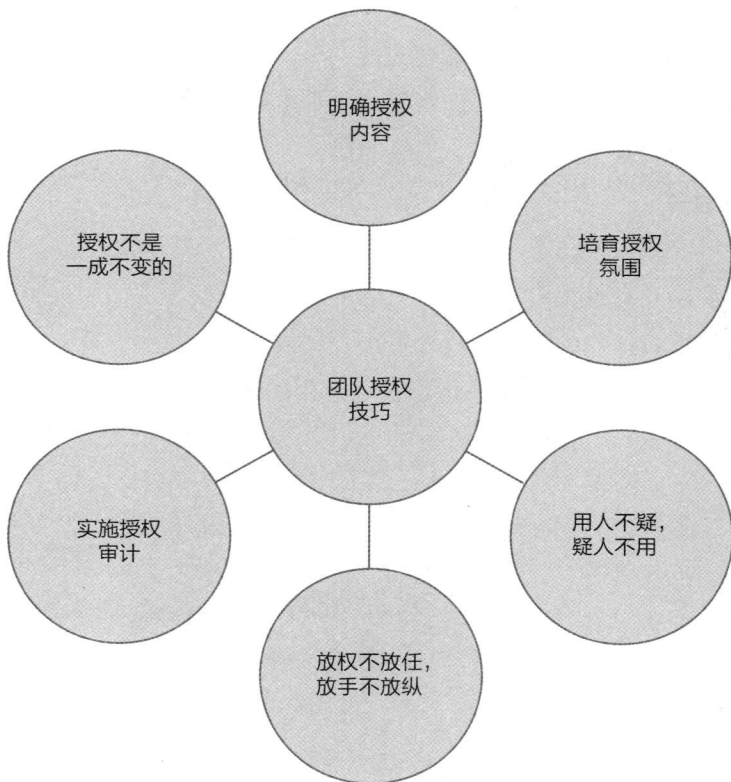

图14-4 团队授权技巧

1. 明确授权内容，分工的前提是分权

前文已经提到，团队授权是对事授权而非对人授权，是对流程的环节授权而非对整个流程授权，所以团队授权前一定要对团队任务内容、任务逻辑关系、任务对应流程进行全面梳理，识别出哪些是必须授权的工作，哪些是应该授权的工

作，哪些是不能授权的工作，在此基础上进行授权才是有效的。

2. 培育授权氛围

授权不仅是一项工作，更是一种文化。大家耳熟能详的海底捞就把授权文化做到了极致，它可以做到让一线员工都有权给顾客免单；华为也是将授权做到极致的一个典型，它提出的"让听得到炮火的人决策"就是华为授权成功的最佳证明。这些企业之所以伟大是因为它们培育了健康、积极、完善的授权文化，做到了人尽其才、物尽其用。当然，团队内部授权更应如此。

3. 用人不疑，疑人不用

授权的前提是信任，一定要做到"用人不疑，疑人不用"，在授权范围内让团队成员大展才华，而不要一边强调授权，另一边又疑神疑鬼。

4. 放权不放任，放手不放纵

离开监督的授权必然滋生腐败，因此授权的同时要加强授权管控。企业可以通过授权审计、绩效分析、专项追责等手段对滥用权限、越权、不作为等行为进行检讨，发现问题，及时解决。

华为始终坚持一个基本原则：既要对员工充分授权，也要加强对授权的监督。让一线员工有更多决策权，能有效实施灵活机动的战略战术，应对复杂多变的市场环境及客户需求，提升团队运营效率。但华为很清楚，授权的同时还必须强化监督，因为权利已经前移，监管也要随之前移。

5. 实施授权审计

授权如果离开了审计监督就一定会产生权力滥用甚至腐败，因此团队在建立授权体系的同时，也有必要同步建立授权监督体系。监督的方式有很多，例行性审计、专项工作审计、流程审计、管理者离任审计等都可以帮助团队对授权相关事宜进行评价和监督。华为建立了完善的内部审计体系，确保权利不被滥用，也不会授权失控。

6. 授权不是一成不变的

随着团队组织结构调整以及业务流程的优化与再造，授权文件也要相应进行调整。一个好的做法就是在团队组建初期明确团队成员目标的时候，连同目标责任书、组织手册、团队流程手册、岗位说明书、授权文件、激励方案一起发到每个部门和每个员工手中，这样就形成了授权动态管理机制。

【案例14-1】浙江信睿科技产品研发流程授权体系（图14-5、表14-1）

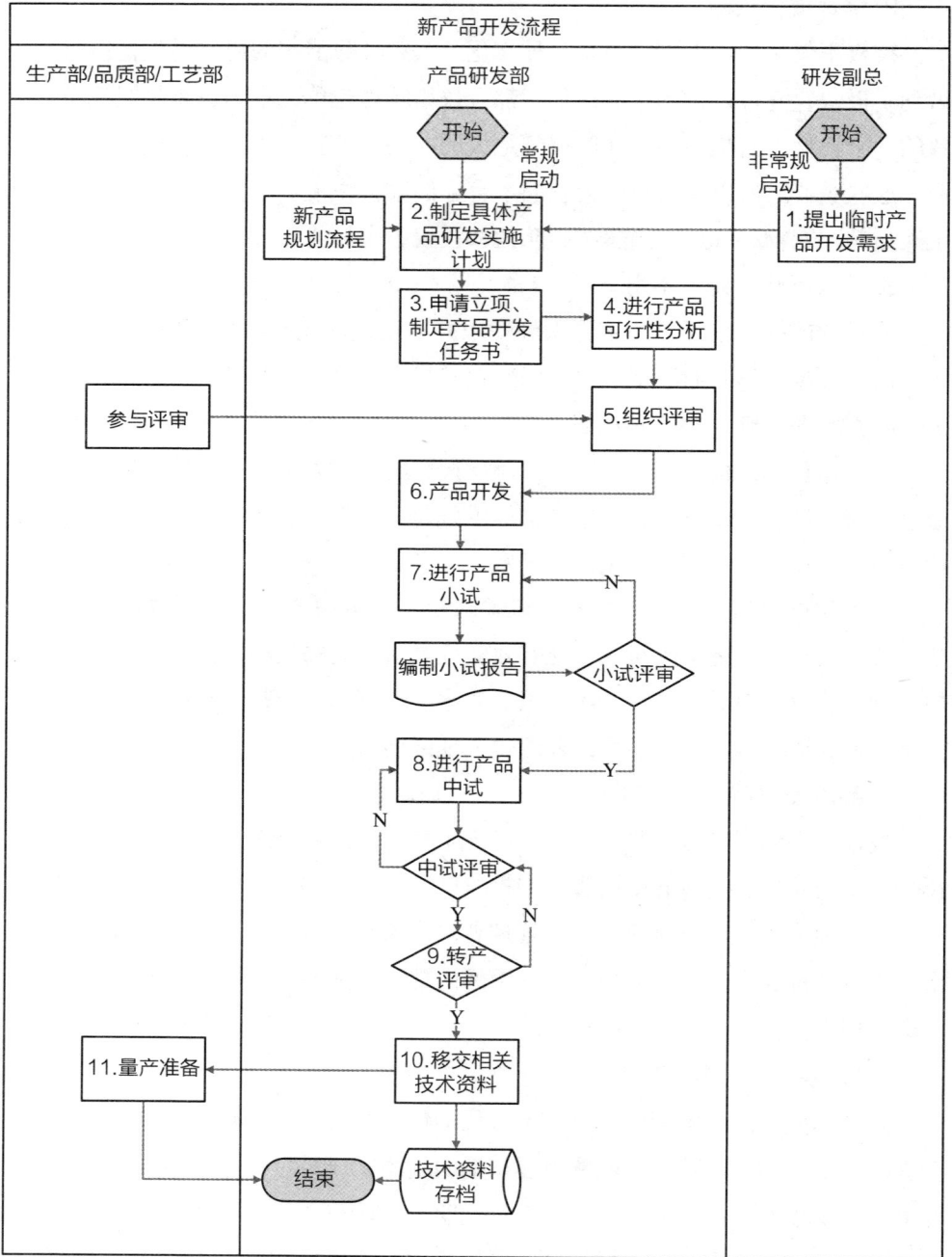

图14-5　浙江信睿科技新产品开发流程

表14-1　浙江信睿科技新产品开发流程分权表

序号	分权事项	提案	审核			批准	知会
			初审	审核	会审		
1	产品研发实施计划	项目组			产品研发部、生产部、采购部、工艺部、品质部	研发副总	
2	新品可行性分析	项目组	产品研发部			研发副总	
3	小试报告	项目组	产品研发部		生产部、采购部、工艺部、品质部	研发副总	
4	中试报告	项目组	产品研发部		生产部、采购部、工艺部、品质部	研发副总	
5	转产评审	项目组	产品研发部		生产部、采购部、工艺部、品质部	研发副总	

　　以上是浙江信睿科技新产品开发流程及相关分权表。该企业在新产品研发领域还有产品规划流程、产品立项管理流程、工程试产流程、可生产性评审流程、产品结案流程等。表14-2就是根据这些流程汇总的该企业产品研发流程分权汇总表。

表14-2　浙江信睿科技产品研发流程分权汇总表

流程名称	流程授权内容	提报	审核		会审	审批	知会
			初审	复审			
产品规划流程	年度产品线规划路径图	产品研发部经理	研发总监		销售、市场部负责人	产品委员会	总经理
产品立项管理流程	项目立项申请单	产品研发部经理				研发总监	
	项目立项任务书	项目经理	产品研发部经理		研发总监	总经理	
	项目计划表	项目负责人			项目成员	研发副总	
工程试产流程	产品总体设计方案	项目负责人				制造副总	
	周工程试产计划	生产计划员	生产部经理		项目成员	研发副总	
	产品设计图纸	产品工程师	工艺部经理			制造副总	
可生产性评审流程	产品设计工艺评估报告	工艺工程师				工程部经理	
	可生产性评估报告	工艺工程师	制造副总	工艺部经理	项目成员	研发副总	
产品结案流程	试产总结报告	工程部测试员	项目负责人			制造副总	
	项目稽查表	工程主管	工程主管			工程部经理	
	项目分析表	品管	品管主管			品管部经理	
	项目文件输出清单	试产车间主任	项目负责人			制造副总	
	产品规格书	项目负责人			工程、品管	制造副总	
	产品列表	项目负责人			工程、品管	制造副总	

第十五章

团队激励管理

激励是一个永恒的话题。因为激励在团队管理中很重要，但又非常难以解决。重要是因为解决不好团队成员激励的问题，团队就会很难带，也无法有效发挥团队成员各自的潜力与价值；难以解决是因为每位团队成员的激励需求不同；另外，对团队成员的激励还不能只从团队成员的角度静态地去思考，还要结合团队任务特征、团队目标、价值贡献等因素综合考虑。

从管理学的角度来看，自行为科学理论诞生之初就有了对个体和团队激励问题的研究。梅奥的人际关系学说和社会人假设理论、维克托·弗鲁姆的期望理论、赫茨伯格的双因素理论、麦克利兰的成就需要理论、马斯洛的需求层次理论、麦格雷戈的 X 理论与 Y 理论、沙因的复杂人假设、勒温的群体动力学、波特和劳勒的综合激励模型等都是经典的激励理论。

一、团队激励原则

在确定团队激励原则之前，我们应该先搞明白什么是激励、为什么要激励等问题。

1. 什么是激励

管理学家认为，激励是指组织通过设计适当的薪酬模式，提供合适的工作环境，并以一定的行为规范和惩罚性措施，借助信息沟通手段，来激发、引导、保持和规范组织成员的行为，以有效促进实现组织及其个人目标的过程。

管理大师彼得·德鲁克曾经说过：什么是激励？激励就是给他需要的，就是让员工人尽其才，充分发挥员工的潜能。

在进行团队成员激励的时候，管理者需要把握住以下几点：

（1）对于任何一个团队负责人而言，激励都是一项非常重要的工作。激励的核心是给员工他想要的，激励的终极目的就是要激发员工潜能，让员工自己"跑"。

（2）激励与员工的偏好和期望有关，同样的激励手段对于不同员工的激励效果可能差异很大。维克托·弗鲁姆的期望理论告诉我们，员工工作动力的大小与员工的个人偏好、期望值有直接的关系。

（3）不同员工的激励需求不同，即便是同一个员工的激励需求也是多元的。正如马斯洛需求层次理论提到的，人的需求从低到高依次为生理需求、安全需求、社交需求、尊重需求和自我实现需求。况且同一个人在同一时间的需求也不是单一的，而是多样的。

（4）激励员工的手段可以按照赫茨伯格的双因素理论大致分为保健因素和激励因素。保健因素可能会导致员工不满意，而激励因素才对员工产生真正的激励作用。因此企业在满足保健因素的基本需求后，需要将更多的精力和资源投入激励因素的改善之中。

（5）激励的手段和措施有很多，有物质层面的，有成长层面的，也有精神层面的，需要针对不同的激励对象有创造性地进行设计。

（6）激励一定要公平。员工一旦觉得激励有失公平，那么激励效果就会大打折扣。但这里所谓的公平不是简单地实行平均主义，还与员工所承担的角色、员工的付出、能力高低、资历深浅、绩效好坏、对团队的贡献等有直接关系。

2. 为什么要激励

团队成立的目的就是要完成一般工作群体很难完成的任务，这就要求团队激励的方法和手段一定要有别于一般的工作群体，在激励的过程中更加注重对团队成员工作潜能、创新能力以及工作成果的激励。

（1）激发团队成员工作潜能。哈佛大学教授威廉·詹姆斯研究发现，按时计酬的员工一般仅发挥 20%～30% 的能力，即可保位子而不被解雇；如果员工受到充分激励，他的能力可以发挥 80%～90% 甚至更高。其中近 60% 的差距全因激励的作用所致，这一定量分析不能不使人感到吃惊。试想一下，如果企业内部每位员工的能力都能发挥到 80%～90%，那么企业的运营效率、经营结果将会发生多大的变化！无独有偶，《哈佛商业周刊》的调查数据也表明：员工满意度每提高 3 个百分点，可以使企业员工流失率降低 5%，运作成本降低 10%，劳动生产率提高 25%～60%。

可以看出，在大多数企业内部，员工的工作潜能远没有被激发出来，这就造就了不计其数的平庸企业。同理，如果团队成员还是以前文所述的状态开展工作的话，团队工作任务是很难完成的，团队工作目标也是很难实现的。因此，团队激励更应注重对成员潜能的激发。

按照一般工作群体的工作节奏，完成某一款新产品研发需要150天；如果企业成立专项研发团队，则完成同样一个新产品研发的时间估计只需120天。那么为什么一般工作群体需要150天才能完成的工作任务，团队只需要120天呢？这就需要将团队成员的潜能激发出来。

（2）激发团队成员创新能力。创新是任何一个团队运营的核心。当然，这里所说的创新既包括质量创新、成本创新、时间创新和客户服务模式创新，也包括战略创新、商业模式创新、管理模式创新等。团队激励应该鼓励团队成员的创新想法、创新行为及创新成果。一个人只有被充分激励才会迸发出无穷的想象力和创造力，而企业发展、团队运营、时代进步都需要无数具有创造力的人去推动。

（3）肯定团队成员工作成果。团队运营最大的好处就是可以做出"1+1>2"的成果。这就要求团队负责人学会按照工作成果进行评价与激励，鼓励那些工作成果突出、对团队工作成果贡献大的团队成员。

3. 团队激励原则

在本人的拙作《不懂激励员工，怎么做管理》中提到了员工激励的4项核心原则，分别为公平公正公开原则、价值衡量原则、因地制宜原则、有机结合原则（见图15-1），在这里，我们简单介绍如下：

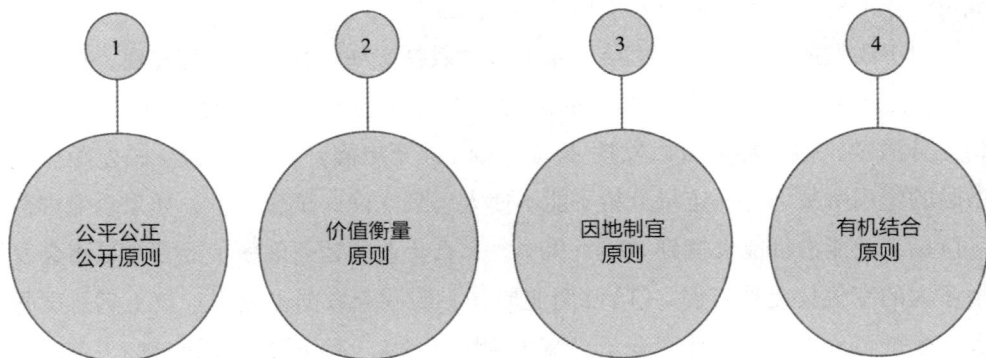

图15-1　团队激励原则

（1）公平公正公开原则。公平公正公开是设计激励体系的最基本原则，也是必须充分考虑的必要条件。团队激励要体现激励手段和方法公平、激励过程公正、激励结果公开的原则，让每位团队成员都能够充分理解团队激励体系，这样才能够真正起到激励作用。

（2）价值衡量原则。团队激励的价值衡量原则主要体现在两个层面：一是按照团队不同角色的重要程度确定各自的薪酬水平，二是根据每位团队成员的价值创造和贡献分配奖金。前者是静态的，后者是动态的。

比如说，一个优秀的营销团队由品牌推广、市场推广、渠道与订单开发、订单交付管理、客户服务等成员构成，不同团队角色的价值体现是不同的，这就需要团队按照价值衡量原则进行激励体系规划。

（3）因地制宜原则。由于团队性质不同，有些团队的工作复杂，有些团队的工作简单；有些团队存续时间长，有些团队存续时间短；有些团队人数少，有些团队人数多；有些团队对成员的技能要求相对单一，有些团队需要成员是多面手等。因此在设计团队激励体系的时候，需要根据团队自身特点，做到因地制宜、因时制宜、因事制宜、因人制宜。

比如同样是新产品研发团队，一款手机的新产品研发与一部汽车的新产品研发相比，工作的复杂程度、团队存续时间、团队人数、对团队成员技能要求差别是非常大的，因此，这两个团队的激励方案就不能互相照搬照抄。

（4）有机结合原则。有机结合原则主要体现在三个层面：一是长期激励与短期激励相结合；二是物质激励、精神激励与发展激励相结合；三是正向激励与负向激励相结合。

二、团队激励类型

德鲁克曾经说过：当员工缺少努力时，最大的可能就是员工看不到或者看不清他们的努力与绩效评估以及奖励之间的关系。

带领员工实现组织目标的各级管理者必须学会利用激励手段，不断创造各种诱因，使员工始终保持努力工作的激情，引导和规范团队成员的行为，促进组织目标顺利实现。

企业用作员工激励的方法有很多，如薪酬激励、福利激励、股权激励、发展激励、授权激励、事业激励、愿景激励、目标激励、情感激励等。本书将团队激励的方法分为三类（见图 15-2），分别为：

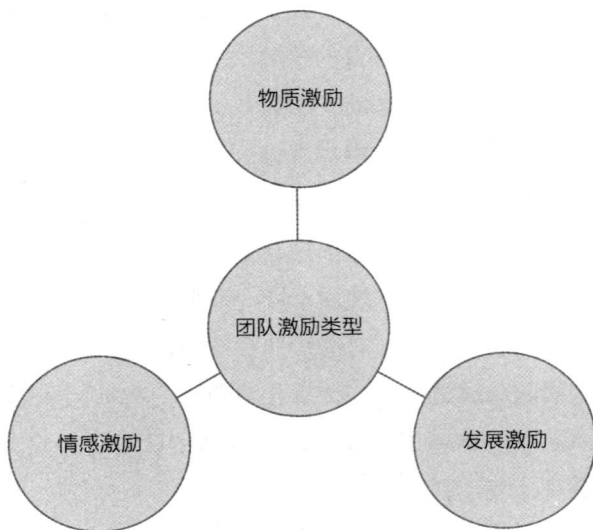

图15-2　团队激励类型

1. 物质激励

物质激励包括岗位工资、绩效工资、业务提成、专项奖金（如节能降本、知识产权申请、合理化建议、创新项目、新产品研发等）、福利（如旅游、体检、健康管理、家庭理财、子女教育、节假日福利、商业保险等）、社保、利润分成、期权激励、期股激励、股权激励、合伙人计划等。

2. 发展激励

发展激励包括脱产学习、在职学习、职位晋升、轮岗发展、挂职锻炼、师傅带徒弟、优才计划、授权、职业发展规划、事业激励等。

3. 情感激励

精神激励包括年度评优、业务标兵、"三八"红旗手、巾帼英雄、劳动模范、团队工匠、员工关怀、目标激励、愿景激励等。

三、团队物质激励

任正非曾经说过：物质激励是生存的保障，一定要给员工加薪的机会；但是加薪不是无条件的，这样会助长员工贪婪，一定要让员工做出好的结果、拿出高的绩效来交换。有绩效，有结果，给员工多少钱都不过分。

团队物质激励是所有激励的基础，包括薪酬福利激励、工作成果激励两大类。

1. 团队薪酬福利激励

团队薪酬福利激励与企业总体薪酬福利体系的设计方法并无不同，而且在通常情况下，团队成员的薪酬福利体系与其在原岗位的基本保持一致。在本人的拙作《不懂激励员工，怎么做管理》（中国纺织出版社，2020年版）中有详细介绍，本书不再赘述。

2. 团队工作成果激励

工作成果激励是团队物质激励的重点，因为不同团队的工作任务与目标不同，对企业的价值贡献也是不同的。因此，应建立团队工作成果的价值衡量体系，并按照价值大小建立相应的物质激励体系。

团队工作成果激励需要遵循以下几个基本原则：

（1）团队价值创造原则。团队不同于工作群体，团队主张整体价值最大化，而工作群体主张个人英雄主义。因此，团队工作成果激励要以团队整体任务圆满完成和团队目标有效达成为前提。

（2）强调团队成员协同原则。团队成果的取得依赖于团队成员之间的高效、紧密协同，因此成果激励一定要体现对协同高效成员的激励。

（3）体现个人价值发挥原则。团队最理想的状态就是每个人都能将自己的工作做到120分，但事实上会存在个体之间的工作差异，因此在进行物质激励的时候适度考虑个体业绩贡献也是非常有必要的。

（4）过程激励与成果激励相结合原则。团队的存续时间不一，短则三五个月、长则三五年，对长周期运作团队的物质激励不能等到最终成果出现后才进行，而是需要将物质激励根据阶段里程碑或阶段目标达成状况进行分段激励。当然，一定要以过程激励为辅，成果激励为主。

【案例15-1】上海某手机研发团队物质激励方案

第一条　目的

（一）规范公司新产品研发项目管理，提升项目管理效率，体现新产品研发项目对公司的价值贡献。

（二）让公司管理层参与公司项目运作，推动项目高效运行。

（三）鼓励员工积极参与新产品研发项目，培养员工项目管理技能。

第二条　适用范围

本办法适用于新产品研发项目成员的选择、考核与激励。

第三条　支持文件

公司《项目管理流程》。

第四条　项目管理

（一）项目管理机制。公司实行"项目执行总监—项目经理—专业项目经理"三级负责制。

（二）项目组成员来源及职责。

1. 项目执行总监由公司管理层担任，负责项目整体把控、重大及异常问题推动解决与决策。

2. 项目经理由项目部人员担任，负责项目日常计划安排、跟踪与督导；项目会议组织；项目异常跟踪解决；专业项目经理考核；项目组成员项目奖金的计发。

3. 专业项目经理由各相关部门内部竞聘或推荐人选担任，负责推动所在部门承接项目任务的落实；部门工作异常反馈与解决；部门内部参与项目人员的考核与评价。

4. 根据项目情况，参与项目的部门包括（但不限于）以下部门硬件、结构、多媒体、用户体验设计、全过程质量保证、供应商质量、软件、硬件测试、软件测试、可靠性测试、工程、采购、客服、工业设计、内容管理框架、生产及物料控制、市场、财务。

（三）专业项目经理选拔要求。

1. 参与项目的部门其部门经理、部门主管、高工、专业经理原则上年内至少做 1 次专业项目经理。

2. 参与项目的部门其他员工采用内部竞聘方式参与项目。

3. 原则上进入公司满 6 个月以上的员工才能够担任专业项目经理。

（四）项目类别及周期规划（表 15-1）。

表15-1　项目类别及周期规划

项目类别	A类项目	B类项目	C类项目
项目定义	定制主板	公板	主板硬件升级
项目周期	150天	120天	90天
备注：如遇特殊项目，项目类别由项目总监另行确定			

（五）绩效工资。

1. 项目经理、专业项目经理绩效工资考核指标及标准（表 15-2）。

表15-2　项目经理、专业项目经理绩效工资考核指标及标准

考核指标	项目周期	6个月返修率	10个月返修率
考核目标	准时量产	≤4%	≤5%
项目经理绩效工资标准	12000	18000	15000
专业项目经理绩效工资标准	6000	9000	7500
备注：（1）绩效工资考核不区分内研、外研；（2）A类项目绩效工资标准系数为1.2，B类项目绩效工资标准系数为1.0，C类项目绩效工资标准系数为0.5			

2. 绩效工资考核。

（1）准时量产考核。

①准时量产考核时间：以完成 5K 量产的时间为准。

②准时量产奖惩：延迟≥8 天，奖金为 0；延迟 1～7 天，每天扣标准奖金数的 5%；提前奖励同比，最大奖励为标准奖金数的 35%。

③准时量产对应奖金在准时量产后第 7 个月发放。

（2）6 个月返修率考核。

①返修率从首单正式发货开始计算（按天计算）。

②如 6 个月返修率达到目标，则两个指标计算奖金（准时量产、6 个月返修率）全额发放。

③如 6 个月返修率未达到目标，则准时量产计算奖金按照 50% 发放。

④如准时量产无奖金，但 6 个月返修率目标达到，则全额计发 6 个月返修率计算奖金。

⑤6 个月返修率计算资金在第 7 个月发放。

（3）10 个月返修率考核。

①如 6 个月返修率目标未达成，但 10 个月返修率达到目标，则补发 6 个月返修率对应奖金。

②10 个月返修率计算资金在第 11 个月发放。

第五条　项目奖金

（一）项目奖金标准（表 15-3）。

表15-3　项目奖金标准

项目类型		自研	外研
A类（定制主板）	准时量产	48000	36000
	6个月返修率	40000	30000
	10个月返修率	40000	30000
B类（公板）	准时量产	40000	30000
C类（主板硬件升级）	6个月返修率	40000	30000
	10个月返修率	40000	30000
	主板升级项目，按照原项目类别对应奖金的0.5倍系数进行考核		

（二）项目奖金考核。

1. 准时量产考核。

（1）准时量产考核时间：以完成 5K 量产的时间为准。

（2）准时量产奖惩：延迟≥8 天，奖金为 0；延迟 1～7 天，每天扣标准奖金数的 5%；提前奖励同比，最大奖励为标准奖金数的 35%。

（3）准时量产对应奖金在准时量产后第 7 个月发放。

2. 6 个月返修率考核。

（1）返修率从首单正式发货开始计算。

（2）如 6 个月返修率达到目标，则两个指标计算奖金（准时量产、6 个月返修率）全额发放。

（3）如 6 个月返修率未达到目标，则准时量产计算奖金按照 50% 发放。

（4）如准时量产无奖金，但6个月返修率目标达到，则全额计发6个月返修率计算奖金。

（5）6个月返修率计算资金在第7个月发放。

3.10个月返修率考核。

（1）如6个月返修率目标未达成，但10个月返修率达到目标，则补发6个月返修率对应奖金。

（2）10个月返修率计算资金在第11个月发放。

（三）项目组成员奖金分配。

1.第一次分配。

（1）项目经理根据各专业项目经理的绩效表现，参考各部门绩效奖金指导分配比例，进行奖金第一次分配（项目奖金分配到各专业项目经理）。

（2）项目经理有权根据项目特点，对各部门绩效奖金指导分配比例进行调整。

2.第二次分配。

（1）各专业项目经理根据本部门参与项目人员的绩效表现在部门内部进行第二次分配。

（2）专业项目经理对本部门奖金二次分配拥有决定权。

（四）项目执行总监不参与项目资金分配，项目经理分配比例上限为总奖金的30%，剩余部分由专业项目经理享受。

第六条　项目"红花"制度

1.预立项阶段。

（1）为了鼓励各相关部门成员积极参与项目预立项阶段工作，公司在项目预立项阶段实行"红花"制度。

（2）每个项目在预立项阶段，产品经理自动拥有500朵"红花"分配权，并根据各部门参与人员的工作表现对其给予"红花"奖励。

（3）各部门参与人员所得"红花"在公司项目红花榜进行实时公布。

（4）各部门参与人员所得"红花"作为计发年终奖金和员工晋升的依据。

2.项目实施阶段。

（1）为了提升专业项目经理参与项目工作的积极性，公司在项目组内部实行"红花"制度。

（2）每个项目在立项时，项目经理自动拥有1000朵"红花"分配权，项目经理根据每个专业项目经理的工作表现对其给予"红花"奖励。

（3）专业项目经理所得"红花"在公司项目红花榜进行实时公布。

（4）专业项目经理所得"红花"作为计发项目奖金、年终奖金和员工晋升的依据。

第七条　品质事故考核

如发生A类品质事故，取消项目经理、项目组成员所有奖金，并对执行项目总监、项目经理、品质总监、直接责任人进行处罚。处罚参考《品质事故管理制度》。

第八条　项目奖金分配指导比例（表15-4）

表15-4　项目奖金分配指导比例

人员类别	准时上市				返修率（含6个月返修率/10个月返修率）	
	A类、B类项目		C类项目			
	自研	外研	自研	外研	自研	外研
结构项目经理	15%	17%	11%	14%	14%	15%
硬件项目经理	15%	17%	17%	20%	14%	15%
软件项目经理	15%	5%	17%	5%	14%	5%
品质项目经理	16%	18%	16%	18%	22%	24%
制造项目经理	13%	14%	13%	14%	10%	12%
测试项目经理	15%	17%	15%	17%	14%	15%
采购项目经理	8%	9%	8%	9%	6%	7%
ID（CMF）项目经理	2%	2%	2%	2%	0	0
客服项目经理	0	0	0	0	6%	7%
认证项目经理	1%	1%	1%	1%	0	0
UED项目经理	0	0	0	0	0	0
市场项目经理	0	0	0	0	0	0
财务项目经理	0	0	0	0	0	0
合计	100%	100%	100%	100%	100%	100%

第九条　附加说明

（一）本办法自2020年1月1日正式实施。

（二）本办法由公司人力资源部起草，并负责解释。

四、团队发展激励

陈春花教授曾说："如果你希望你的团队成员不断成长，有一个重要的事情要做：打破团队经验。一定要有人被不拘一格提拔上来。在组织系统中特别提拔一两个人，目的不只是提拔他们，而是给所有人一个想象的空间，这个空间就是没有天花板。"

柳传志也曾说过："如果一个员工进入联想三年，没有什么进步，说明我不称职。企业必须让员工成长，人们为什么交学费也要上学校，而有的企业给工资都没人愿意去，因为它们不能让员工成长。让员工做适合自己的工作、富有挑战的工作，这也是企业给员工的福利之一。"

是的，员工在团队中工作，除了想获得优厚的待遇之外，还需要像陈春花、柳传志所说的有进步空间和提拔机制。为员工进行职业发展规划，为员工提供职业发展需要的培训，让员工能力提升的同时也得到职位的发展（包括纵向晋升、横向轮岗），这都是企业激励员工的方法和手段。

1. 什么是发展激励

员工发展激励是指企业通过为员工进行职业生涯规划、实施优才计划、提供培训、岗位轮换与晋升等手段，确保员工能力与职位共同提升，进而达到激励员工的目的。

通常来讲，对人的激励分为三个层面：物质层面、成长层面和精神层面。其中，员工发展作为员工成长层面激励体系中一个重要的组成部分，对员工的成长起至关重要的作用。

2. 发展激励价值体现

彼得·德鲁克认为，管理者是通过他人完成工作的。管理者通过确定愿景、明确目标、做出决策、分配资源、监督检查等活动指导他人实现组织目标。也就是说，管理者通过协调他人的活动、与他人一起或者通过他人实现组织目标。在这里需要注意的是，不论是协调他人、与他人一起、还是通过他人实现组织目标，都少不了对他人的激励。这些激励除了前文提到的物质激励之外，帮助他人成长与发展也是非常关键的。员工发展激励的价值主要体现在以下几个方面（见图 15-3）：

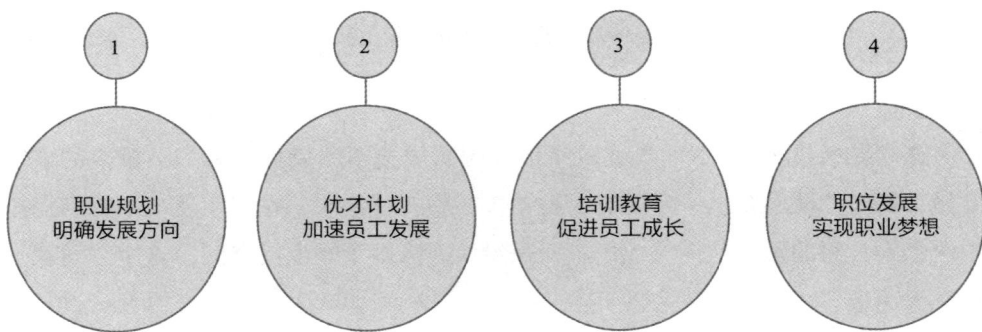

图15-3　团队发展激励价值体现

（1）职业规划明确发展方向。俗话说，读万卷书不如行万里路，行万里路不如名师指路。对员工而言，如果管理者能帮助其清晰地规划好职业发展方向并支持其按照规划方向去发展，那对员工的激励性是不言而喻的。

（2）优才计划加速员工发展。职业发展方向明确后，如果企业还能够帮助员工发现自己的短板与不足，进而将员工统一纳入企业优才计划当中进行培养，这对员工的激励将更进一步。

（3）培训教育促进员工成长。"人非生而知之者"，求知欲是每位谋求发展员工的基本需求。一家企业如果只知"用"而不知"给"，会让员工失望，等到水枯鱼竭，受损的还是企业。重视员工培训，一方面可以改变员工的工作态度，增长知识，提高技能，激发他们的创造力和潜能，提高企业运作效率和经营业绩，使企业直接受益；另一方面，也能通过增强员工自身的素质和能力，让员工体会到企业对他们的重视，使他们认识到培训是企业为他们提供的最大福利。

（4）职位发展实现职业梦想。很多时候，不是员工不努力，也不是员工不想获得职业发展，主要原因是很多企业内部往往限于"管理独木桥"，无法给员工提供多通路发展机会，因此员工就会觉得自己提升无望，进而消极工作。企业正确的做法是规划多通道职业发展路线，让员工根据自己的职业规划及能力范围选择一条最适合自己的职业发展路径，一步一个脚印地去实现自己的职业梦想。

五、团队情感激励

陈春花教授曾说：一定要找到高自我激励的人，因为高自我激励的人比较容易获得成就；或者营造一个自我激励的管理氛围，如果能营造这样的管理氛围，就不用担心成员们的成就了。

的确，懂得对团队成员进行精神激励的人一定是一个合格的团队负责人。根据我们的经验，精神激励的常用方法有愿景激励、目标激励、情感激励等。本节我们着重介绍情感激励。

1. 什么是情感激励

管理者基于员工情感需求，通过一些手段（沟通、鼓励、关怀、赞美、批评等），传达管理者的诚挚感情，增强管理者与员工之间的情感联系和思想沟通，形成融洽的工作氛围，更好地实现经营和管理目标的做法，可以称为情感激励。

情感激励的目的就是要让员工觉得自己在公司受到了尊重，让员工真正做到为企业奋斗，最终形成一个良性循环，达到企业与员工"双赢"甚至"多赢"的局面。

2. 情感激励的价值体现

管理者需要走进员工的情感世界，这样的管理者才是值得员工信赖的管理者；企业的管理制度需要关注员工的情感需求，这样的管理才是有温度的管理。只有做到让员工可信赖并能感受到温暖的企业，员工的忠诚度才会更高、凝聚力才会更强、斗志才会更饱满。

愿景激励、目标激励和情感激励作为员工精神激励的"三驾马车"，能让员工超越对物质的需求，引导员工向更高层面的需求看齐。而情感激励在员工精神激励中比愿景激励、目标激励更具普遍性，特别是对于一些低级别的员工而言，愿景激励、目标激励会显得更虚一些，与他们的实际工作距离会稍远一些，但情感激励不同，它能让每一位员工都感受得到。比如说有些公司提倡赏识文化，哪怕管理者只是给员工的一个微笑、一个点赞、一次首肯、一次轻拍肩膀、一封赞美邮件、一次共进午餐……都能让员工备感鼓舞。如图 15-4 所示是团队情感激励价值体现。

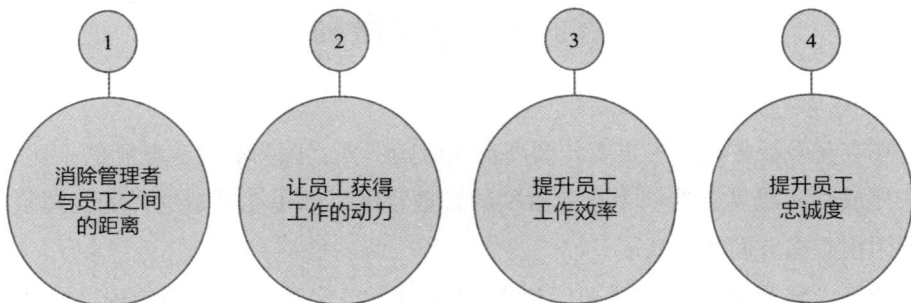

图15-4　团队情感激励价值体现

（1）情感激励可以消除管理者与员工之间的距离。我们经常在形容一个团队和谐时会说"管理者和员工打成一片"，如果管理者不关心下属的内心世界，又怎么能够"打成一片"呢？每位员工的性格特征不同、家庭背景不同，这些都会造成心与心交流的障碍，因此，请各位管理者记住：要想拉近与员工之间的距离，唯一的办法就是走进员工的内心世界，时刻掌握员工的情感波动并给予及时地引导，把员工变成"自己人"。

（2）情感激励可以让员工获得工作的动力。简单地说，员工在企业工作是为了赚取适当的劳动回报，但除了优厚的报酬、光明的前景之外，员工也会期望为一家充满人情味的企业工作，甚至有时可以接受并不算好的物质待遇。如果上面提到的诸如薪金、职位等因素是激励员工的硬件，那么人性化的管理可以说是重要的软件。社会中最主要、最复杂的关系就是人与人的关系，能将形形色色的人们聚拢到一起本身就很不容易，更何况还要让他们为企业自愿贡献力量。为了达到后者的理想状态，科学的情感激励是不可缺少的。话又说回来，如果企业真能做到这一点，每位员工便会迸发出无穷的力量。

（3）情感激励可以提升员工工作效率。情绪的波动必然会影响员工的工作质量与效率。道理很简单，让一个人愁眉苦脸地去做一件事情跟兴高采烈地去做同样的事情，工作质量肯定不一样，工作效率也肯定相差很远。因此，及时了解员工的情绪波动并加以引导对提升员工工作效率会有很大的帮助。

（4）情感激励可以提升员工忠诚度。在对员工满意度和敬业度开展调查的时候，都会考虑人际关系、内部和谐度、员工关怀、沟通、重视员工等涉及员工情感的调查维度，旨在发现和解决影响员工情感的问题点。可见这些因素会直接影响员工的忠诚度。我们通常所说的"进入公司，离开上司"就是说员工之所以选择公司是看中了企业的发展愿景、品牌影响力、行业口碑、硬件条件、成长空间、福利待遇、文化氛围等，但员工离开公司的原因往往是与上司之间的关系不融洽、未得到上司的肯定和尊重等。

3. 如何进行情感激励

团队成员情感激励的方法可总结为真心、真诚、真正、真实四个关键词。如图 15-5 所示是团队成员情感激励。

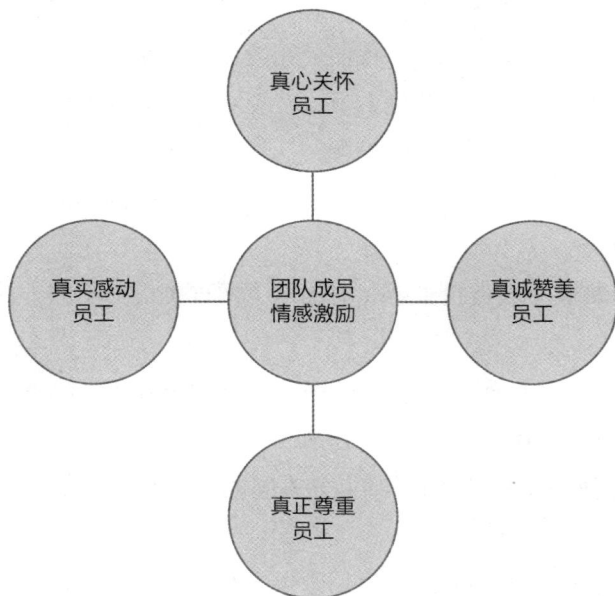

图15-5 团队成员情感激励

（1）真心关怀员工。现代管理的核心理念是"以人为本"。作为管理者和领导者，不但要开发人才、培养人才，更要尊重人才、关心人才，在通过物质手段留住人才的同时，还要能够引起对方内心深处的共鸣。这就要求管理者着眼于员工的情感，与下属进行思想沟通与情感交流。

①走到员工身边去。管理者无需花钱，只需要走到员工中间去，夸奖两句，赞美一下，对员工的辛苦给予肯定，就会令员工感到振奋，并因此而加倍努力工作。或者多花一些时间与员工接触，如一同进餐，这能令员工感到荣幸，认为自己被器重、被赏识，对工作更有激情。另外，管理者还可以赠送有特殊意义的礼

物，也许只是一张生日贺卡或一条领带，但是，聪明的管理者会亲自在上面写上自己的名字和温馨的祝福，并且郑重地送给员工。从花费上来说，这根本比不上颁发奖金的开销，但是，一旦把礼物变成了荣誉的象征，对于员工来说，这便具有了不同寻常的价值。

②员工有困难时递给员工一只手。员工在实际工作中遇到困难或需要管理者出面协调解决问题时，如果管理者能在第一时间伸出一只手，就会让员工感到心情舒畅。

③关心员工的家庭。适当组织员工家人聚餐、给员工家人发祝福、给员工父母拜年，甚至给员工家庭发些福利等。越是让员工的家人觉得自己的亲人在为一个充满人情味的团队和企业工作，他们就越能为员工做好后勤保障工作。

（2）真诚赞美员工。身为管理人员，只要稍加注意就会发觉员工身上值得赞美的事数不胜数，诸如员工对你的信赖、工作上的进步等。但是赞美也有一些技巧，而非简单地想到什么就说什么。要慎重选择赞美时的用语，并且明白对哪些方面必须加以赞美。

①让员工从赞美中获得自豪感。对比以下两种赞美员工的方式，你认为哪种赞美方式更有效？

第一，"我理解我们所有人做出的努力，我也知道我们面临的困难会很多，但我们的业绩提升了30%，大家的工作成绩一目了然，令人振奋。"

第二，"你们所做的工作确实对第三季度的利润有很大帮助，我很满意你们的工作。"

虽然都是赞美，但两种方式产生的效果大相径庭。前一种用"我们"这样的称呼，无疑拉近了管理者与员工之间的距离，易产生亲切感；同时，一方面强调困难，一方面突出成绩，这体现出管理者是站在员工的角度和立场来看待问题，也让员工更加感受到成就感和满足感，这样一来，用称赞来激励员工的效果就完全达到了。而第二种赞美的效果会差一些。在第二种赞美中，管理者将自己与员工分成了"我"和"你们"，让员工觉得管理者跟员工不是一体的；另外对员工的贡献到底有多大，缺乏量化表达，不容易让员工清晰地知道自己的贡献究竟是多少。

不可否认，在企业中大多数员工都在非常努力地工作，希望自己的努力能够和团队、企业的成功连在一起。管理者必须时时刻刻提醒自己，你的员工都是非常认真的，而且做得很好，你应该多花一些时间来赞美他们。但是，要想通过赞美来激励员工为企业奋斗，就一定要保证被称赞的人能够真正从赞美中获得充分的自豪感和满足感，切不可泛泛地、漫无目的地、隔靴搔痒地赞美员工。

②赞美从细节开始。即便是再小的努力、再微不足道的成绩，管理者都要给予适当的赞美。因为，哪怕只是一句简单的赞美，也会令员工精神愉悦。

例如，员工加班以跟上工作进度，坚韧不拔地向着既定的目标前进，这些是非常值得赞美的。对于这样的现象，一定要毫不吝惜的给予称赞。成功的管理者一定要意识到这就是"爱岗敬业精神"的集中体现，并且，要尽可能将这一意识传达、灌输给你的员工。千万不要把这叫做"免费加班时间"。如此一来，对员工来说就没有任何提高主动性的效果了。

③善于赞美员工的突出优势。管理者要学会观察和发现每一位员工独特的、有创新的、创下新纪录的事迹作为赞美对象，这样的赞美会让员工觉得管理者很真诚。当然要想以这种创新的方式来赞美员工，管理者就应该了解员工的性格，知道他们的优势与特点，抓住他们的心理不失时机地鼓励，自然会有好的收效。而员工引以为豪的东西得到肯定，其满足感会胜过普通的赞美，有时甚至会视管理者为知己，也会有更大的激情为企业奋斗。

④没有保留的赞美使员工更具信心。赞美要真诚，避免让员工觉得是敷衍。同时，赞美一个人应该是没有条件或其他后果的，那样只会让人心理反感，并不能收到鼓舞士气的作用。夸夸其谈或口若悬河的赞美是缺乏诚意的，甚至是缺乏美德的，这样做往往比保持沉默还要糟糕。管理者在称赞员工时，一定要发自内心地表达想法，只有这样才可能真正打动员工。

（3）真正尊重员工。管理者要想让员工忠诚于企业，就必须给予员工激励，其中最重要的莫过于尊重员工、善待员工。这就要求管理者注意以下几方面：

①与员工坦诚交流。正如迪斯尼大学总务长沙恩·哈伍德所说："如果你在前头耕犁，后头有人吆喝，你肯定无法忍受这种工作方式。你无法忍受别人站在一旁，对你的工作指手画脚。正确的做法应该是走上前，用灿烂的微笑欢迎你的员工，我相信这样一切都会进行得很顺利。"要想真正做到尊重员工，管理者必须身体力行，同时掌握与员工交流的方法。比如以建议的口吻与员工谈谈工作改进的方向，用"你认为这样做行吗？""你觉得这么办有没有问题？""如果让你来做，你会怎么做？""如果换一种方式，你还有什么好的建议？"等。类似的方

式将会使员工有一种被器重的感觉，并且能够使其对问题产生足够的重视。

②懂得给予员工面子。作为管理者，学会给足员工面子这一点很重要。比如说对于犯错误的员工，很多管理者会采用不冷静的处理方法，伤害到员工的自尊。请记住，人的提高与进步需要无数次教训的累积，在失败面前，人的神经往往是脆弱的。这个时候，宽容绝对比批评教训更有用，尤其是在大庭广众之下。对待犯错误的员工要不失时机地为其提供下台阶的机会，然后，用鼓励性的语言激励其转败为胜。否则人人畏惧失败，害怕犯错，还会有谁愿意冒险尝试呢？"多做多错，少做少错，不做不错"的风气一旦形成，没有人会愿意为企业打拼，而企业也就没有什么发展前途了。

再如，你的下属正在接待一个客户，作为管理者的你走过去替下属为客户倒一杯茶，然后说一声"工作的成绩都是下属的，作为管理者就是服务好下属"，这样的场景客户会怎么想？员工又会怎样想？

又如，因为下属的失误导致一件事情的结果很糟糕，当你的上司追究责任的时候，作为管理者的你如果在上司面前承认是自己工作的疏忽，然后私下再找你的下属说明情况，并跟他一起探讨问题解决的措施，我想下属一定会觉得你是一个值得信赖的管理者，会更愿意跟你一起工作。

③让员工感到被重视。管理者要给员工创造一种氛围，让他们感到自己是被重视和承认的，同样会激励他产生无穷的力量。

作为管理者，可以运用一点小技巧，比如将员工的名字常挂嘴边。这是使员工觉得他们重要的最有效的方法。但这就要求你将员工的名字清晰地记住，并且在需要的时候能脱口而出。千万别小看这种方法的效果。特别是在一些大的公司，如果一个经理记住了下属的名字，这带给员工的心理上的满足与精神上的激励，远胜于发奖金。他们也会因此而更加自信，工作热情继而也就高涨起来。

④把功劳归于员工。功劳对谁都是一种诱惑，它可以换来上级的嘉奖，同事的另眼相看以及自我满足感和成就感，但功劳也可能成为危及人际关系的诱因。作为管理者，千万不要糊涂到通过占有他人劳动的成果，来增加表现自己的资本。也就是说，管理者一定要学会将功劳归于员工，而不是将员工的功劳据为己有。

（4）真实感动员工。情感激励的最高境界就是让员工感动，而要感动员工，管理者需要做到说让员工感动的话、做让员工感动的事、创造让员工感动的氛围。

①说让员工感动的话。感动员工并不是煽情，感动员工的话也并不是煽情的话。相反，能够感动员工的话是真诚的话、走心的话、能戳中员工内心深处的话。

②做让员工感动的事。优秀员工评选、感动企业员工评选、功勋员工表彰、关爱员工父母、给员工过一个难忘的生日、授权并充分信任、送给员工有意义的纪念品等都可以让员工感动。

③创造让员工感动的氛围。能够让员工持续感动的不仅仅是一句感动的话，也不仅仅是做了一件让员工感动的事，更重要的是需要在企业内部、团队内部创造和宣导一种感动的氛围，让团队中的每一个人在被感动的同时，也去感动身边的人。

参考文献

[1] 水藏玺 . 不懂激励员工，怎么做管理 [M]. 北京：中国纺织出版社有限公司，2020.

[2] 水藏玺 . 不懂解决问题，怎么做管理 [M]. 北京：中国纺织出版社有限公司，2019.

[3] 水藏玺 . 不懂流程再造，怎么做管理 [M]. 北京：中国纺织出版社有限公司，2019.

[4] 水藏玺 . 人力资源管理体系设计全程辅导 [M].3 版 . 北京：中国经济出版社，2020.

[5] 水藏玺 . 把自己打造成团队不可或缺的 A 级选手 [M]. 北京：中国经济出版社，2020.

[6] 水藏玺，等 . 胜任力模型开发与应用 [M]. 北京：中国经济出版社，2019.

[7] 水藏玺 . 业务流程再造 [M].5 版 . 北京：中国经济出版社，2019.

[8] 水藏玺，吴平新 . 高绩效工作法 [M]. 北京：中国纺织出版社，2019.

[9] 水藏玺，吴平新 . 年度经营计划制订与管理 [M].3 版 . 北京：中国经济出版社，2018.

[10] 水藏玺，等 . 激励创造双赢：员工满意度管理 8 讲 [M]. 北京：中国经济出版社，2007.

[11] 水藏玺 . 学管理 用管理 会管理 [M]. 北京：中国经济出版社，2016.

[12] 郭咸刚 . 西方管理思想史 [M].4 版 . 北京：世界图书出版公司，2010.

[13] 迈克尔·A. 韦斯特 . 卓有成效的团队管理 [M]. 蔡地，侯瑞鹏，姚倩，译 . 北京：机械工业出版社，2018.

[14] 彼得·霍金斯 . 高绩效团队教练（实战篇）[M]. 韩玉堂，徐崛，罗涛，译 . 北京：中国人民大学出版社，2019.

[15] 迈克·布伦特，菲奥娜·爱尔莎·丹特 . 团队赋能 [M]. 徐少保，王琳，译 . 北京：北京联合出版公司，2019.

[16] 彼得·德鲁克 . 管理：使命、责任、实践（使命篇）[M]. 陈驯，译 . 北京：机械工业出版社，2019.

[17] 彼得·德鲁克 . 卓有成效的管理者 [M]. 许是祥，译 . 北京：机械工业出版社，2018.

[18] 罗伯特·S. 卡普兰，戴维·P. 诺顿 . 平衡计分卡：化战略为行动 [M]. 刘俊勇，孙薇，译 . 广州：广东经济出版社，2004.

[19] 拉姆·查兰 . 持续增长：企业持续盈利的 10 大法宝 [M]. 邹怡，邢沛林，译 . 北京：机械工业出版社，2016.

[20] 安托尼特·D. 露西亚，理查兹·莱普辛格 . 胜任：员工胜任力模型应用手册 [M]. 郭玉广，译 . 北京：北京大学出版社，2004.

[21] 弗雷德·R. 戴维 . 战略管理 [M]. 李克宁，译 .10 版 . 北京：经济科学出版社，2006.

[22] 詹姆斯·塔姆，罗纳德·鲁耶特 . 成功合作之道：消除防卫心和建立合作关系的五项根本修炼 [M]. 侯燕飞，李煜明，译 . 北京：中国经济出版社，2012.

后　记

从 2002 年开始，我就养成了每天晚上 22：00 到次日凌晨 2：00 之间写作的习惯，即便工作再忙，我也会抽出时间来写，因为写作早已成为我生活的一部分。

每天晚上写作之余，我会打开邮箱一一回复读者的来信，也会在微信中与读者进行互动交流。这是我最幸福的时刻，读者通过我的书受益，我则通过与读者的沟通学习，教学相长，其乐无穷。

我很感谢多年来近 100 万读者的不离不弃、相随相伴。每本书对我来讲，是对阶段性学习成果的总结；对读者而言，可能是黑夜中的一盏明灯、茫茫大海中的灯塔。写作的过程是在帮助读者成长，也是在促进自己学习。

这本书的写作过程也许是我创作生涯中最难忘的一段时光：新冠肺炎疫情时刻牵动着每一个中国人的心。疫情无情，人间有爱，全国各省支援湖北的医疗团队、方舱医院及火神山、雷神山医院的建设团队、钟南山院士的治疗团队……都足以让每一个中国人铭记终生。当全世界赞叹中国抗击疫情的成果时，我想说，这就是团队的力量！

在近 20 年的咨询生涯中，我有幸为超过 1200 家企业提供咨询和培训服务，也有幸结识了许多为推动社会科技进步、行业健康发展和企业可持续经营的企业家、企业高层和基层员工，他们乐观、敬业、执着、严谨的精神始终激励着我一直坚守在咨询行业，为"持续提升客户经营业绩"的事业愿景奋斗。

在本书出版之际，我要感谢多年来一直给予支持和帮助，并一直激励我的人们，他们是（排名不分先后，职务名称以我们服务时为准）：

重庆国瑞集团董事长肖基成先生；

浙江三禾锅具董事长方成先生、人力资源总监徐林先生；

广州暨大美塑董事长夏黎名先生、总经理傅家樑先生；

珠海天威飞马董事长贺良梅先生、总经理郑玉霞女士；

珠海天威新材总经理田永忠先生、人力资源经理练庆祥先生；

深圳高科控股董事长赵首先生；

兰州宝丰实业董事长马宝玉先生、总经理任向阳先生；

吉安庐陵人文谷董事长陈万洵先生；

北广科技总经理徐江伟先生、副总经理任婕女士、战略发展部经理陈悌先生；

北京东方之星幼儿教育科技股份有限公司总裁杨文泽先生、事业部总经理杨有辉女士、研究院院长刘卿女士、人力资源总监王双荣女士；

山东质德农牧集团总裁翟长信先生、副总裁孙建荣先生、副总裁朱全生先生；

江苏神王钢缆集团董事长黄伟良先生；

东莞清源环保总经理赵勉女士；

深圳前海投控企管部长宋毅晖先生；

欧堡纺织总经理谢斌先生；

鼎阳科技财务总监刘厚军先生；

江苏国茂减速机股份有限公司总经理徐彬先生、副总经理孔东华先生、人力资源部部长黄晓英女士；

南方轴承总经理姜宗成先生、副总经理史伟女士；

鸿普森科技副总经理袁菲女士；

天津中环系统总经理丁金蝉女士；

宏大电气总经理顾仁先生；

高斯贝尔总经理游宗杰先生、人力资源总监魏宏雯女士；

珠海全宝科技徐建华先生、副总经理李敏女士；

南昌鸿基房产董事长辜国华先生、副总裁文静女士；

佛山创意产业园董事长邱代伦先生、副总经理张莹女士；

金溢科技董事长罗瑞发先生、副总裁甘云龙先生；

广州房博士总裁孙敏女士、副总裁陈晓崇女士；

深圳中进国际总裁乔峥女士；

浙江金凯德集团陈立新先生、营销副总金海航先生；

庆美集团董事长熊福章先生；

万润科技总裁罗明先生、财务总监卿北军先生；

云南招标总经理徐瑞川先生、副总经理赵贵梅女士、副总经理汪雷先生；

苏州新机电总经理张建伟先生、副总经理游黎萍女士；

南京公路科学研究所所长徐全珍女士；

泛亚人力董事长靳站兵先生；

深圳恒之源电器董事长李明奎先生；

3ZU足装秀董事长董其良先生、总经理金培娟女士、副总经理刘宪民先生；

朵唯女性手机董事长何明寿先生、财务总监张梅女士、研发总监杨秋平先生、项目总监杨迥智先生；

深圳鸿福泰总经理樊文劲先生；

玉溪矿业大红山铜矿经营副矿长李沛丰先生、人力资源主任姬祥云先生；

名雕装饰总经理林金成先生；

潍坊怡家酒店董事长王佃辉先生；

辽宁甜如蜜董事长马梓乘先生；

华孚色纺董事长孙伟挺先生；

益康集团董事长郭建忠先生；

龙源鞋业董事长、龙岗鞋业商会会长张再军先生；

……

另外，还要感谢《不懂解决问题，怎么做管理》《不懂流程再造，怎么做管理》《不懂激励员工，怎么做管理》的广大读者朋友，是你们的鼓励才让我有勇气继续丛书的写作，期望未来能有更多、更好的内容呈现给大家，也期望与大家继续沟通交流。

最后，我还要真诚地感谢我的同事，在与大家共事并推动"持续提升客户经营业绩"的事业愿景过程中，即便疫情肆虐，我们仍然砥砺前行。相信通过我们的努力，客户的梦想一定会实现，我们的梦想也一定会实现！

水藏玺

2019年4月于深圳前海

附　录

本书案例来源及技术支持

信睿咨询　　　　　　　　　南粤商学　　　　　　　　CPIO 协会

信睿咨询　信睿咨询是由国内知名管理专家水藏玺、吴平新发起，以"持续提升客户经营业绩"为追求目标，始终坚持"以客为尊，以德为先"的经营理念。结合十多年理论研究与企业实践，信睿咨询率先开创性地提出了"SMART—EOS 企业经营系统"理论，信睿咨询认为，企业的任何一项经营活动和管理行为都必须以提升企业市值为准绳。同时，在与客户合作模式方面，信睿咨询提出的"与客户结婚"和"咨询零收费"模式开创了国内咨询行业全新的商业模式。

南粤商学　南粤商学是由国内知名管理专家水藏玺、张少勇等为核心发起人，联合近 300 位优秀企业家及企业高级管理者，以"信睿 SMART—EOS 企业经营系统"为理论基础，以"拓展管理视野"为使命，传播南粤（广州以南，珠江两岸）优秀企业管理经验，推动中国企业提升管理能力，怀揣"管理报国，利润报企，幸福报民"的理想，旨在帮助中国企业实现管理升级，为早日实现"中国梦"而努力。

CPIO 协会　深圳首席流程创新官协会（Chief Process Innovation Officer，简称 CPIO）是由国内知名管理专家水藏玺、张少勇、王剑等人发起，旨在帮助企业打造一批优秀的 CPIO。

　　CPIO 的工作职责覆盖首席信息官（Chief Information Officer，CIO）、首席创新官（Chief Innovation Officer，CIO）和首席流程官（Chief Process Officer，CPO）的范畴，优秀的 CPIO 是企业经营系统升级的主要推动者和责任承担者。

　　目前，首席流程创新官协会在深圳、苏州、佛山、珠海等地设有分会。

水藏玺作品集

序号	书名	出版社	出版时间
1	吹口哨的黄牛：以薪酬留住人才	京华出版社	2003
2	金色降落伞：基于战略的组织设计	中国经济出版社	2004
3	睁开眼睛摸大象：岗位价值评估六步法	中国经济出版社	2004
4	管理咨询35种经典工具	中国经济出版社	2005
5	看好自己的文件夹：企业知识管理的精髓	中国经济出版社	2005
6	绩效指标词典	中国经济出版社	2005
7	培训促进成长	中国经济出版社	2005
8	拿多少，业绩说了算	京华出版社	2005
9	成功向左、失败向右：在企业的十字路口如何正确决策	中国经济出版社	2006
10	激励创造双赢：员工满意度管理8讲	中国经济出版社	2007
11	人力资源管理最重要的5个工具	广东经济出版社	2008
12	人力资源管理体系设计全程辅导（第1版）	中国经济出版社	2008
13	企业流程优化与再造实例解读（第1版）	中国经济出版社	2008
14	金牌班组长团队管理	广东经济出版社	2009

序号	书名	出版社	出版时间
15	薪酬的真相	中华工商联出版社	2011
16	流程优化与再造：实践、实务、实例（第2版）	中国经济出版社	2011
17	管理成熟度评价理论与方法	中国经济出版社	2012
18	流程优化与再造（第3版）	中国经济出版社	2013
19	定工资的学问	立信会计出版社	2014
20	互联网时代业务流程再造（第4版）	中国经济出版社	2015
21	管理就是解决问题	中国纺织出版社	2015
22	年度经营计划管理实务（第1版）	中国经济出版社	2015
23	学管理 用管理 会管理	中国经济出版社	2016
24	人力资源就该这样做	广东经济出版社	2016
25	人力资源管理体系设计全程辅导（第2版）	中国纺织出版社	2016
26	互联网+：电商采购·库存·物流管理实务	中国纺织出版社	2016
27	年度经营计划制订与管理（第2版）	中国经济出版社	2016
28	班组长基础管理培训教程	化学工业出版社	2016
29	互联网+：中外电商发展路线图	中国纺织出版社	2017
30	石油与化工安全管理必读	化学工业出版社	2018
31	年度经营计划制订与管理（第3版）	中国经济出版社	2018

序号	书名	出版社	出版时间
32	不懂解决问题，怎么做管理	中国纺织出版社	2019
33	高绩效工作法	中国纺织出版社	2019
34	业务流程再造（第5版）	中国经济出版社	2019
35	能力素质模型开发与应用	中国经济出版社	2019
36	不懂流程再造，怎么做管理	中国纺织出版社有限公司	2019
37	把自己打造成团队不可或缺的A级选手	中国经济出版社	2020
38	人力资源管理体系设计全程辅导（第3版）	中国经济出版社	2020
39	不懂激励员工，怎么做管理	中国纺织出版社有限公司	2021
40	不懂带领团队，怎么做管理	中国纺织出版社有限公司	2021